# Kinder & Musik

Klett | Kallmeyer

**Bettina Küntzel** ist Grund- und Hauptschullehrerin mit Hauptfach Musik. Sie unterrichtet derzeit an einer Grundschule, einer Realschule und der Erzieherfachschule in Lüneburg. Sie hatte mehrfach Lehraufträge im Bereich der Musikdidaktik inne, u.a. an der Universität Oldenburg. Neben diversen Beiträgen in Fachzeitschriften und der Leitung zahlreicher Lehrerfortbildungen gab sie 1995 gemeinsam mit Wulf Dieter Lugert das Schulwerk „Kolibri" für die Grundschule heraus. 1999 folgte „Amadeus" für die Klassen 5/6. Von 1997 bis 2004 war sie Herausgeberin der Zeitschrift „Grundschule Musik". Seit 2001 ist sie alleinige Herausgeberin von „Kolibri". 2009 erschien ihr Buch „Musikunterricht". 2010 wurde ein gemeinsam mit Jugendlichen produzierter Film mit dem Titel „Selbstbestimmtes Lernen mit Musik an der Realschule Oedeme" über die Musikerziehung an ihrer Realschule veröffentlicht, der das hier vorgestellte Arbeiten mit Musik als Unterrichtsprinzip dokumentiert.

Bibliografische Information der Deutschen Nationalbibliothek
Die Deutsche Nationalbibliothek verzeichnet diese Publikation in der Deutschen Nationalbibliografie;
detaillierte bibliografische Daten sind im Internet über http://dnb.d-nb.de abrufbar.

**Impressum**

Bettina Küntzel
Kinder & Musik
Was Erwachsene wissen sollten

1. Auflage 2010



Redaktion: Barbara Jung, Berlin
Realisation: Lars Pätsch
Druck: Mundschenk Druck- und Verlagsgesellschaft mbH, Soltau.
Printed in Germany

ISBN: 978-3-7800-1054-4

# Kinder & Musik

Was Erwachsene wissen sollten

Bettina Küntzel

Klett | Kallmeyer

## Zum Geleit

### Kinder & Musik – von sinnleeren Teilleistungsübungen zur Ausbildung persönlich bedeutsamer Kompetenzen

In den letzten Jahren und Jahrzehnten hat sich viel in der Pädagogik getan: Erwachsene versuchen, mit Kindern anders umzugehen als früher. Viele Eltern möchten ihren Kindern auf Augenhöhe begegnen und sie zu verantwortlichen Menschen werden lassen, indem sie ihnen Sicherheit geben, aber Verantwortung nicht dort abnehmen, wo es wichtig ist, den Einzelnen in die Pflicht zu nehmen. Auch in der Schule hat sich einiges getan – vor allem in den Grundschulen brechen Lehrerinnen mehr und mehr den Frontalunterricht auf und gewähren Schülern erste Freiräume zur Selbstorganisation. Andere Schulformen tun sich sichtlich schwerer, aber in allen Schulen steht ein Perspektivwechsel auf der Tagesordnung: Unterrichtsentwicklung und Individualisierung sind fraglos zur Hauptaufgabe der Lehrerfortbildung geworden.

Gestützt wird dies durch eine maßgebliche Änderung der Vorgaben, die den traditionellen Unterricht als das entlarvt, was er ist: ein Abarbeiten und Auswendiglernen von Lehrstoff, das für die meisten Schüler nichts mit einer „dauerhaften Verhaltensänderung" zu tun hat – und aus lernpsychologischer Sicht gar nicht als „Lernen" bezeichnet werden dürfte. Und weil man schon lange weiß, dass auf „Lehren" nicht automatisch „Lernen" folgt, haben Lehrer nun keine Vorgaben mehr, was sie an Inhalten „lehren" sollen, sondern sie bekommen nur noch genannt, welche Kompetenzen die Kinder ausbilden sollen. Und das ist eben nicht dasselbe wie vorher, sondern genau das Gegenteil dessen, wie Lehrer traditionell ihren Unterricht gestaltet haben. Nun reicht es nicht mehr, etwas „durchgenommen" zu haben, sondern jede/-r Lehrer/-in muss Rechtschaffenheit darüber ablegen, warum Kinder trotz seines/ihres Unterrichts bestimmte Kompetenzen nicht haben ausbilden können.

Das Problem ist, dass sich die wenigsten Erwachsenen diesen umfassenden Perspektivwechsel überhaupt vorstellen können. Die Rollen von Lehrern, Schülern und auch Eltern verändern sich radikal. Und genau hier kommt das vorliegende Buch ins Spiel: Bettina Küntzel zeigt den Perspektivwechsel am Beispiel „Musik" so anschaulich und begeisternd auf, dass man sich gar nicht mehr vorstellen kann, wie Erwachsene jemals anders mit Kindern in Bezug auf Musik umgehen konnten. Dabei geht das, was beschrieben wird, weit über das Thema Musik hinaus, denn es ist von der Grundidee her übertragbar nicht nur auf den generell wertschätzenden Umgang mit Kindern, sondern auch auf andere Bereiche von Schule, wie die Fachbuchreihe „Kinder & … – Was Erwachsene wissen sollten" sehr anschaulich und auf dem aktuellsten Stand der fachdidaktischen Diskussion zeigt.

Musik hat bei allen Menschen, aber gerade bei Kindern und Jugendlichen einen sehr hohen Stellenwert. Ein Leben ohne Musik können sich Menschen in der Regel nicht vorstellen. Musikalische Rezeption und musikalischer Ausdruck begleiten uns von Geburt an, und es scheint so zu sein, dass die meisten Leute, sobald sie frei darüber bestimmen können, Musik einen zentralen Raum zuweisen: ob nebenbei beim Autofahren, beim Arbeiten, beim Ausgehen – immer spielt Musik eine Rolle.

Ganz im Gegensatz zu diesem hohen Stellenwert, den Menschen der Musik in ihrem Leben einräumen, steht vielfach das didaktisierte Handeln im Musikunterricht. Dieses Schulfach hätte aufgrund der natürlichen außerschulischen Begeisterung der allermeisten Kinder und Jugendlichen für dessen Inhalt die Möglichkeit, auf Platz 1 der Lieblingsfächer zu landen – doch fast das Gegenteil ist der Fall. So wird das Fach Musik z. B. in einer Ende 2008 veröffentlichten repräsentativen Umfrage des Marktforschungsinstitutes iconkids & youth bei 334 Mädchen und 347 Jungen (6–12 Jahre) von den Jungen gar nicht (!) als Lieblingsfach angegeben, bei den Mädchen lediglich von 11,4% der Befragten. (siehe http://www.presseportal.de/pm/52281/1263087/wort_und_bild_medizini)

Wenn ich mich an meine Schulzeit erinnere, war es ähnlich. Ich hatte Herzklopfen vor einem Musikunterricht, der von mir auch außerhalb benoteter Tests verlangte, Tonhöhenunterschiede herauszuhören oder einzelne Instrumente in Partituren zu verfolgen. Diese Musik hatte nichts mit mir zu tun. Was für ein Gegensatz zum Musikmachen mit 14 oder 15 Jahren in der eigenen Band, von der fast die sämtliche Freizeit geprägt war! Ähnlich ergeht es auch anderen Fächern in der Schule: Ob es die spannenden Strukturen und Muster der Mathematik sind, die Schülern trotz des hohen Stellenwertes, den dieses Fach noch bei Schulanfängern hat, vergällt werden, oder die Faszination und Begeisterung von Grundschulkindern, Naturphänomenen auf die Spur zu kommen, von denen im schulischen Physikunterricht dann schnell nichts, aber auch gar nichts mehr übrig bleibt. Schule verhindert zu oft die Ausbildung von Kompetenzen, anstatt sie zu unterstützen.

Bettina Küntzel zeigt hochkompetent und mit vielen einnehmenden Beispielen aus der Praxis, wie Eltern oder Lehrer jungen Menschen ermöglichen können, wirklich Kompetenzen auszubilden. Nicht durch sinnleere Teilleistungsübungen oder kurzzeitig auswendig gelernte Schemata, sondern durch das Zulassen individueller Voraussetzungen, die Möglichkeit, eigene Wege zu gehen und Kompetenzen – egal, auf welchem Niveau vorhanden – aktiv handelnd zu erfahren und umzusetzen. Nur so kann die Bedeutsamkeit des eigenen Lernens erhalten werden. Und das ist die wichtigste Grundvoraussetzung für Motivation und lebenslanges Lernen. Hat man als Lernender dann noch das Gefühl, selbst über sein Lernen bestimmen zu können und sozial eingebunden zu sein, wird es einem nicht schwerfallen – auch nicht in der Schule.

Das ist noch ein weiter Weg für ein ganzes System, aber auch in Deutschland gibt es Schulen, die diesen Weg mehr als erfolgreich gehen. Bücher wie das vorliegende machen das möglich.

Falko Peschel

Falko Peschel ist Gründer und Leiter der demokratischen Bildungsschule Harzberg sowie Lehrbeauftragter an den Universitäten Siegen, Köln, Bremen und Koblenz.

## Wie es zu diesem Buch kam

Geht es im Musikunterricht um Musik? Nein! Worum geht es dann? Um die Schüler!

Diese Eindeutigkeit erlebte ich vor vielen Jahren auf einer Veranstaltung des „Arbeitskreises für Schulmusik“ in einem musikdidaktischen Vortrag von Wulf Dieter Lugert. Vorher hatte er aus dieser einfachen Erkenntnis heraus bereits die „Grundzüge einer neuen Musikdidaktik“[1] geschrieben und das „Institut für Didaktik Populärer Musik“ gegründet. Dieses Institut hatte sich die Entwicklung von Materialien zur Aufgabe gemacht, die die Musik des Schülers und die Integration seiner Lebenswelt im Umgang mit Musik ins Zentrum stellen.

Viele Jahre später begeisterte mich Christoph Richter in seinem Vortrag über das ‚Eigene Lernen'. Er beschrieb so klar wie einfühlsam die Kraft, die sich im Lernen entfaltet, wenn das Kind ein Eigeninteresse daran hat. „Der Musikunterricht gehört den Schülern“, lautet nicht umsonst einer seiner jüngsten Buchtitel.[2]

In meiner eigenen musikpädagogischen Tätigkeit konzentrierte ich mich fach- und selbstkritisch zunehmend auf die Beobachtung derjenigen, die ich musikpädagogisch anleitete. Ob Kindergarten- oder Grundschulkinder, Realschüler oder Menschen mit geistiger Behinderung jeder Altersstufe, ob Erzieherfachschüler oder Lehrer/-innen, sogar einige Musik Studierende erstaunten mich immer wieder mit ein und demselben Phänomen: Waren sie außerhalb der Institution musikbegeistert, informiert, aktiv und voller Leidenschaft, so kam das innerhalb der Institution fast gar nicht mehr zum Tragen. Stattdessen galten die Erfüllung pädagogischer Vorgaben und „richtiges“ Können (worunter bevorzugt das Beherrschen der Notenschrift und der Unterricht an einem Instrument verstanden wurden) als Maßstab für eine erfolgreiche pädagogische Arbeit. Auf diese Weise kam zwar auch Musikunterricht zustande, aber er war sowohl von Lehrer- wie von Schülerseite auf eine Bildungserwartung hin reduziert.

1986 baten mich die Erzieherinnen im Kindergarten meines Sohnes darum, ein Musikprojekt durchzuführen. In meinem pädagogischen Kopf sprudelten sogleich viele Ideen, doch die Einrichtung hatte bereits einen Wunsch: Ich möge „Tabaluga und die Reise zur Vernunft“ von Peter Maffay musikalisch und szenisch erarbeiten. Noch nie hatte ich Popmusik als Unterrichtsinhalt ernst genommen, und so wagte ich mich auf ein völlig neues Terrain. Wirklich neu und umwälzend war jedoch die folgende Beobachtung: Alle – sowohl Erzieher/-innen wie Kinder – hatten sich diese Musik in einer Weise angeeignet, die nur noch danach verlangte, umgesetzt zu werden. Ich war lediglich dafür da, den Kindern an den Xylophonen die richtigen Töne zu zeigen, einen Rhythmus vorzuschlagen oder ein singendes Kind an der Gitarre zu begleiten. Der Ausdruck der Musik, auch alle Texte und Melodien, waren bereits vollständig präsent. Die wichtigste Vorbereitung war – neben dem täglich mehrfachen Abspielen des Originals in den Gruppenräumen – die gemeinsame Begeisterung für das Stück. So legten wir nach sechs Wochen, in denen ich nur jeweils an einem Vormittag in der Woche durch die Gruppen ging, um die musikalische und szenische Ausgestaltung zu unterstützen, eine pralle Aufführung mit dem kompletten Kindergarten hin – alles live musiziert und szenisch gestaltet.[3]

Diese Erfahrung zeigte mir, wie sinnvoll ein musikpädagogischer Paradigmenwechsel wäre: von einer diffusen Bildungserwartung hin zu einer Bildung, die das Kind selbst initiiert und sich in seinem eigenen Interesse aneignet. Lässt man die Menschen genau die Musik machen, genießen und umsetzen, die sie für sich selbst als wichtig erachten, so entstehen unvergleichlich intensive und nachhaltige Lernprozesse. Als Erwachsener und als Lehrer dient man nur mit Hilfestellungen, die die Kinder, Schüler und Lernenden benötigen, um die Ziele zu verwirklichen, die sie sich selbst gesteckt haben. Wer je erlebt hat, wie zufrieden Lernende unter solchen Umständen sein können, wie stark, selbstbewusst und aktiv sie werden und wie daraus hervorragende Lernergebnisse entstehen, hört nie wieder auf, an entsprechenden Lernkonzepten zu arbeiten. So erging es mir.

Mechthild Fuchs war der erste Mensch, der mich um meine didaktische Meinung bat, nachdem ich bereits viele Praxismaterialien veröffentlicht hatte. So formulierte ich zum ersten Mal einen Text über „Die Persönlichkeit des Schülers im Zentrum des Musikunterrichtes“[4]. Sie empfahl mich auch der Oldenburger Didaktikerin Astrid Kaiser, unter deren Herausgeberschaft das Buch „Musikunterricht“ erschien[5].

Nachdem ich die durchdachten Ausführungen Howard Gardners über den „ungeschulten Kopf“ gelesen hatte, interessierte es mich, eine Formulierung für das musikdidaktische Arbeits- und Forschungsgebiet zu finden. Es geht dabei um das selbstbestimmte, interessengeleitete Lernen mit Musik, das zu einer Didaktik des natürlichen Musikverständnisses führt. Damit ist gemeint, dass die Art der Aneignung und des Verständnisses von Musik, die außerhalb der Institutionen zu beobachten ist, auch innerhalb der Institutionen gelten sollte. Auf diese Weise werden die subjektiven Kompetenzen optimal aufgegriffen und weiterentwickelt. Erst wenn individuell ein Bedürfnis nach Expertentum entsteht, kommen fachliche Aspekte zur Geltung, die über das natürliche Musikverständnis hinausgehen. Eine Musikerziehung auf dieser Grundlage verspricht aus Sicht des Schülers einen souveränen Umgang mit seiner eigenen Musikalität und deren Entwicklungspotenzialen.

Uwe Brinkmann, der damalige Geschäftsführer des Friedrich-Verlages, schickte mir 2003 das gerade erschienene erste Buch dieser Reihe, „Kinder & Mathematik“, und setzte so den Impuls, eines Tages dieses überzeugende Buchkonzept für die Musikerziehung umzusetzen.

Den Reifeprozess dafür begleiteten vor allem Wolfgang Martin Stroh in vielen bereichernden Gesprächen und Anja Herold, mit der ich das Seminar „Pädagogische Forschungsmethoden“ an der Universität Oldenburg durchführte. Daraus sind eine Reihe von Bachelorarbeiten entstanden, deren Ergebnisse dieses Buch bereichert haben. Dank der klugen, kreativen und engagierten Arbeit der Verlagsleiterin Gabriela Holzmann und meiner Redakteurin Barbara Jung ist es nun da – hurra!

Bettina Küntzel

Bettina Küntzel, 2010

# Kinder & Musik

## Was Erwachsene wissen sollten

# Einführung: Warum wir Musik brauchen



## Ohne Musik stirbt man viel früher

> *Man erwartet von Musik nicht,*
> *dass sie die Welt rettet,*
> *man erwartet von Musik nur,*
> *dass sie einem ab und zu das Leben rettet.*
>
> Fatih Akin

„Musik soll abgeschafft werden, verboten werden, keine Musik mehr machen, nichts."

Dieser provokative Satz zu Beginn einer Befragung von vier neun- und zehnjährigen Kindern zum Thema „Die Bedeutung von Musik für Kinder"[6] erfährt folgende Reaktionen:

> *Mathias*: Ist das jetzt ein Scherz (...), wenn das so wäre, würd' ich, glaub ich, ausrasten.
> *Sven:* Dann würde ich auf die Straße gehen und laut Musik anmachen.
> *Karolin*: Wenn es keine Musik geben würde, weiß ich nicht, dann gäbe es so viel Stress.[7]
> *Sven*: Also ich würde streiken und mir ‚Hol die Musik zurück' auf den Bauch tätowieren, Schilder hoch halten und ganz laut ‚Ey DJ' anmachen. (...)
> *Interviewer*: Die braucht ihr doch nicht zum Überleben. Er wird sofort unterbrochen: Doch!
> *Interviewer*: Wieso?
> *Jan*: Es macht Spaß, Musik zu hören, und wenn man kein' Spaß hat, dann stirbt man also viel früher.[8]

Musik ist demnach für den Menschen viel mehr als nur beiläufige Unterhaltung. Doch wie ist dies zu erklären?

Musik ist eine Sprache, deren „Wörter" und „Sätze" aus Klängen bestehen. Es ist die Sprache unserer Seele, und wir brauchen sie, um dieser Innenwelt einen Ausdruck geben zu können. Wenn wir mit Musik zu tun haben, kommunizieren wir selbst mit unserem Inneren. Alle Handlungen, die Musik zum Inhalt haben, sind daher intrinsisch, also von innen her bestimmt. Ob wir Musik hören, uns zu ihr bewegen oder sie selber machen, ist dabei unerheblich. Kernstück jeder musikalischen Handlung ist die Beschäftigung mit sich selbst. So formulierte es der Philosoph Arthur Schopenhauer:

> *Die unaussprechliche Tiefe der Musik, so leicht zu verstehen und doch so unerklärlich, ist dem Umstand zu verdanken, dass sie alle Gefühle unseres innersten Wesens nachbildet, jedoch vollkommen ohne Wirklichkeit und fern allen Schmerzes (...). Musik drückt nur die Quintessenz des Lebens und seiner Ereignisse aus, nie diese selbst.*[9]

Wird Musik mit Text verbunden, so funktionieren die Worte wie eine Brücke in die Wirklichkeit. Liedtexte aller Art – ob Popsong oder Opernarie, ob Ballade oder Rap – sind musikalisch auf zweierlei Weisen interpretierbar:

- Der Klang der Sprache dient dem Sound der Musik. Der Text muss entsprechend gestaltet sein, er muss also vor allem gut klingen. Die Aussage steht an zweiter Stelle und fügt sich optimal in den Gesamtklang ein.
- Die Worte, die Aussagen, die Inhalte erhalten durch die Musik die Energie, die ihr Autor wünscht. Die Musik beschreibt das Gefühl, das mit den Worten verbunden ist.

Dass die Musik aus dem Wasser, aus Pflanzen, Tieren, Häusern und durch die Luft strömt, ist natürlich nicht so einfach zu verstehen, doch die Botschaft ist klar: Musik ist überall, ohne sie ist Leben undenkbar. Marie-Sophie, 10 Jahre.

**Überpüfen Sie selbst:**

- Gibt es Stimmungen, in denen Sie besonders gern Musik hören?
- Erinnern Sie sich an eine Situation, in der Sie eine bestimmte Musik wählten, um Ihrem Inneren Ausdruck zu verleihen!
- Was geschah? Die Musik verhalf Ihnen dazu, in den bewussten Kontakt zu Ihrer Gefühlslage zu treten.
- Wann braucht man Musik?
  Wenn man ein Problem verdrängen will?
  Wenn man sich bessere Laune verschaffen oder eine Stimmung verstärken will, z. B. Verliebtsein?
  Wenn man entspannen will?

Immer benutzt man die Musik als verstärkendes Mittel.

Kennen Sie Lieder, deren Textaussage besonders eindringlich mit der Musik verbunden ist?

Beispiele:

- I did it my way …
- Somewhere over the rainbow …
- You know I'm bad, I'm bad, you know it …
- Du bist das Beste, was mir je passiert ist …
- Und Scheiß' auf Freunde bleiben …
- Probier's mal mit Gemütlichkeit …
- Der Mond ist aufgegangen …
- Das Wandern ist des Müllers Lust …
- Ein Mädchen oder Weibchen wünscht Papageno sich …
- Halleluja, Halleluja, Halleluja, Halleluja …

## KAPITEL 1:
# Die Lust am Klangsinnlichen

### Spielen mit Klängen

*Musik ist für kleinere Kinder in erster Linie die Entdeckung des Klanges.*[10]

Um zu verstehen, wie Kinder von sich aus Musik machen, bedarf es der besonderen Aufmerksamkeit für die Lust am Klangsinnlichen.[11] Sie ist die Grundlage aller musikalischen Aktivität, unabhängig vom Alter des Musizierenden. Mit dem Älterwerden entwickeln und differenzieren sich die Motive für das Musikmachen. Doch nie verliert sich diese Basis. Wollen wir dem musikalischen Potenzial von Kindern gerecht werden, sollten wir diese Lust und ihre spielerischen Ausformungen kennen. Denn je weniger dieser „Urtrieb" im Verlauf der musikalischen Entwicklung blockiert wird, desto eher gelingt eine optimale musikalische Förderung.

Spielen ist für Kinder lebensnotwendig. Im Spiel erschaffen sie sich ein eigenes Handlungssystem, in dem sie frei von äußeren Zwängen agieren können. Hier werden emotionale Krisen be- und verarbeitet, hier finden Auseinandersetzungen mit der sie umgebenden Wirklichkeit statt.

Beim Spielen mit Musik geht es um die Freude am Klangsinnlichen – an der sinnlichen, spielerischen, lustvollen Entdeckung von Klängen.

Für Kinder ist es z. B. typisch, einem Gegenstand wiederholend Klänge zu entlocken. Ob Topf oder Gitarre: Die Faszination, durch eigene Tätigkeit ein lautloses Ding zum Klingen zu bringen, ist für alle, die Musik machen, elementar. Auch wer ein Instrument spielt, tut ja nichts anderes: Er entlockt einem Ding Klänge.

Dabei spielt die Bewegung eine große Rolle. Die Lust an der Bewegung, kombiniert mit der Freude am hergestellten Klang, macht die Attraktivität musikalischen Handelns aus.

Die Lust am Klangsinnlichen wird auch beim Hören über die Bewegung ausgelebt. Der 10-jährige Matthias berichtet über seine kleine Schwester:

*Also meine Schwester, das ist dann auch witzig, wenn sie in mein Zimmer reinkommt und tanzt, egal welche Musik, sie springt dann immer rum, auch wenn ich AC/DC anmache, egal, sie tanzt dann immer rum, das finde ich toll.* [12]

Das dreijährige Kind ist noch völlig unbefangen in dem, was es hört. Es reagiert spontan und motorisch auf jede Art von Musik.

Auch beim Spielen eines Instruments geht es zuerst einmal um nichts anderes als darum, durch eigene Tätigkeit, also durch Bewegung, Töne zu erzeugen. Diese wiederkehrende Lust am Klang erzeugenden Spiel schafft eine wichtige Grundlage für das Bedürfnis, Musiker zu sein bzw. zu werden.

Je intensiver ein Kind die Freude am Erzeugen von Klängen erlebt, desto wahrscheinlicher ist es, dass sie zur Leidenschaft wird und es später einmal „richtig" Musik machen möchte.

Dass so viele Kinder JEDE Gelegenheit nutzen, das Spiel mit Klängen zu praktizieren, gehört zu den Aspekten von Kindheit, unter denen Erwachsene oft leiden. Kleinkinder lieben es, richtig laute Geräusche zu produzieren. Da wird mit den Händen auf die Tische getrommelt, da wird die Tasse mit dem Löffel traktiert, da wird mit dem Besenstiel kräftig gegen die Gastherme in der Küche geschlagen. Das Signal ist klar: Leute, ich bin da, es gibt mich, ich existiere, jeder kann es hören! Die Lust, selbst Klänge zu erzeugen, speist sich vor allem aus der Lust an dieser Präsenz (und nebenbei lassen sich damit auch die Großen ärgern).

Auch in der Kindergartengruppe oder in der Schulklasse wird ständig geklappert und getönt. Das geht denen, die nicht mitmachen, gehörig auf die Nerven. Aus diesem Grunde vermeiden viele Lehrer, im Musikunterricht Instrumente einzusetzen: Die Gefahr, dass damit unkontrollierte Klänge produziert werden, erscheint einfach zu groß.

Es lohnt sich jedoch, einmal zu schauen, welcher Art die Störung ist:

- Ist das Kind dermaßen überdreht und nervös, dass es unkontrolliert auf Gegenständen gleich welcher Art herumschlagen muss?
- Oder ist das Kind aufmerksam und genießt das Spielen am Instrument, auch wenn dies unerlaubt geschieht?

Der zweitgenannte Typ macht trotz aller Nebengeräusche und -aktivitäten Musik. Doch Außenstehende könnten in solchen Tönen nur Lärm sehen (auch wenn sie nicht als situativ störend empfunden werden).

**Überprüfen Sie selbst:**

Stellen Sie sich vor, Sie befänden sich in einem Raum mit vielen attraktiven Musikinstrumenten.

- Spüren Sie den eigenen Spieltrieb?
- Verlocken Sie die Instrumente?
- Welches Instrument übt einen ganz besonderen Reiz auf Sie?

## Der Selbstzweck von Musik



Musik ist zunächst einmal bewusste Klangwahrnehmung. Wenn Sie durch einen frühlingshaften Wald gehen und sich am Gesang der Vögel erfreuen, hat dies nichts mit Musik zu tun. Wenn Sie jedoch „umschalten" und den Gesang der Vögel mit allen anderen Geräuschen wie dem Wind, entfernten Menschenstimmen oder dem Bellen Ihres Hundes als eine Art willkürliche Komposition hören, entsteht in Ihrem Ohr Musik.

Spielt jemand bewusst und hingegeben mit Klängen, so macht er Musik – für sich selbst. Wer in der Schule außerhalb der schulischen Aufgabenstellung auf Xylophonen und Perkussionsinstrumenten spielt und dabei aufmerksam seiner Klangproduktion folgt oder wer zu Hause mit Alltagsgegenständen Klangspiele betreibt, wer also bewusst und absichtsvoll Klänge produziert und sich dabei selbst zuhört, der macht Musik. Andere mögen seine Klänge negativ als „Lärm" bewerten, eine positive Bewertung interpretiert das Gleiche als Musik.

Demjenigen, der für sich allein Musik macht, ist es zunächst gleichgültig, ob seine Musik anderen gefällt oder nicht. Er bewertet sein Tun nicht von außen. Hier steht der Selbstzweck von Musik im Vordergrund: Ich mache Musik, weil es mir einfach Spaß macht. Das Singen, das Tanzen, das Erzeugen von Klängen ist sich selbst genug, d. h., die Spieltätigkeit ist absolut zweckfrei.

## Die Entwicklung des Spielens

### Das sensomotorische Spiel

Während der ersten 18 Monate bildet „die wiederholende Abfolge der Interaktion von Wahrnehmung und Motorik"[13] die Grundlage des Spiels und des Verhaltens überhaupt. In Bezug auf Musik werden Klänge erzeugt, die Möglichkeiten der Stimme ausprobiert, das Singen gewissermaßen „angebahnt". Hier geht es vor allem um die Selbstwahrnehmung: Ich höre mich, ich spüre mich, ich erlebe mich als jemanden, der agiert und dabei erschafft. Hinzu kommt, dass dieses Tun fast immer mit einer Reaktion von außen verbunden ist: Ich werde gelobt, wenn ich etwas produziere, das als gut gilt; ich werde bestaunt, wenn ich singe, ich bekomme ein Feedback, wenn ich agiere – auch wenn dies negativ ausfallen sollte.

### Das Konstruktionsspiel

In der Folge entwickelt sich eine Art von Spiel, die man als Konstruktionsspiel bezeichnen kann. Hier geht es um das Malen, Kneten, Bauen, Singen und Tanzen, d. h., es wird etwas hergestellt. Das Ergebnis ist nicht so wichtig wie der Schaffensprozess. Dass ich etwas herstellen und durch mehrere Arbeitsschritte ein sich stetig veränderndes Produkt erschaffen kann, also Herr eines Prozesses bin, ist die entscheidende Erfahrung. Dabei geht es nicht um prüfbare Ergebnisse, denn dieser Prozess vollzieht sich im Spielen. Es geht auch nicht um Vereinbarungen oder um Ziele. Hat das Kind sein Bauwerk, sein Musikstück, sein Bild oder seine Landschaft fertiggestellt, ist das „Werk" uninteressant, und es wendet sich einer neuen Tätigkeit zu. Musik wird in dieser Phase spontan erdacht, doch weist sie bereits „Strukturähnlichkeiten mit den Formen komponierter Musik auf".[14]

### Das Regelspiel

Im Regelspiel findet sich das Prinzip der Spielformel mit ihren zwei konträren Elementen: das Spiel als Element der Freiheit und die Regel als Element der Bindung. Gerade die Spannung von Freiheit und Bindung charakterisiert diese Spielformeln:

> *Das Spielerische des Gehalts wird in der Formel gefangen, die präzise Form gibt dem Spielerischen seinen Rahmen. Der Sinn kann umgebogen werden, über ihn wird frei verfügt, wo Reim und Rhythmus es fordern; die Form dagegen liegt fest, auch wenn es Variationen gibt, und diese formelle Festigkeit hilft der Merkfähigkeit und damit auch der Tradierung.*[15]

Wir finden diese Freiheit des Inhalts im Rahmen einer gegebenen Form in vielerlei Varianten: im Tanzen, in Klatschspielen, im Nachsingen von populären Liedern, im gestischen Imitieren von Instrumenten oder von Gesangsstil, Gestik und Mimik eines Stars.

### Selbstvergessenheit

In allen kindlichen Tätigkeiten gibt es den sogenannten Flow-Effekt, den der amerikanische Psychologe Csikszentmihalyi als „ein kurzzeitiges Eintauchen in Situationen, die Selbstvergessenheit ermöglichen" beschreibt.[16] Diese Flow-Erlebnisse gibt es auch beim Fernsehen. Hier tauchen die Kinder ganz ein in das Geschehen am Bildschirm, sie vergessen ihre Umgebung und sind nur schwer ansprechbar. Doch auch im Singsang, beim Musikhören oder im selbstvergessenen Spiel an Instrumenten gibt es diesen Flow-Effekt.

## Rovianna – ein Konstruktionsspiel

Ein besonders beeindruckendes Beispiel für das Konstruktionsspiel liefert Sophie, vier Jahre und zehn Monate alt. Sie singt spontan und selbstvergessen zu dem sinnfreien Wort „Rovianna" und spielt dabei auf dem Alt-Metallophon, wobei die eigene Stimme und das Spiel auf dem Instrument in Bezug zueinander treten. Die Noten[17] zeigen sehr exakt, wie sich ihr Spiel entwickelt. Während der ersten fünf Male, die sie das Wort „Rovianna" vertont, spielt sie im Grundschlag auf dem Metallophon sich auf- und abbewegende Tonfolgen. Dann folgt ein dreimaliges „Rovianna" in einer rhythmischen Beschleunigung, wobei die Metallophon-Töne genau mitgehen. Nun ändert sich unvermittelt das Tempo (Achtel = 184 beats per minute), und es wird viel, viel langsamer. Melodie und Stabspielbegleitungen schwelgen in Auf- und Abbewegungen. Dieser Abschnitt wird abgeschlossen mit zwei Schlusstönen auf den Silben „düt, düt". Nun wird das Tempo wieder etwas schneller (Achtel = 200 bpm) und das Metallophonspiel im Vergleich zur Melodie virtuos. Ein „jo" und drei prägnante Schläge am Metallophon beenden diesen Teil. Im letzten Abschnitt gibt es heftige Bewegungen in der Stimme des Metallophons, und Melodiephrasen wiederholen sich. Ein „...ia" und fünf Metallophontöne beenden das Stück: „Fertig." Es dauert etwas länger als 40 Sekunden. Das Mädchen spielt im Fluss seiner spontanen Einfälle, ohne sich zu wiederholen.

Der Beginn mit der zweimaligen Dreiklangsbrechung d-fis-a ähnelt der Dreiklangsbrechung am Schluss über c-e-g. Hier scheint eine Anlehnung an bekannte Melodiephrasen zu bestehen, doch dazwischen wird völlig frei mit rhythmischen und melodischen Figuren musiziert.

## Rovianna

(Text + Musik: Sophie, 4 Jahre)

## Noch mehr Spiele mit Musik

Spiele mit Musik gehen weit über die eigene Klangproduktion hinaus. Sie beziehen sich auf alle spielerischen Tätigkeiten, die durch Musik bereichert bzw. ergänzt werden.

### Musik im Hintergrund

Auch wenn Musik im Hintergrund läuft, spielt sie eine Rolle. Hat sich das Kind für eine Musik entschieden, gehört sie zur spielerischen Tätigkeit direkt dazu, denn es hat sie ganz bewusst als Stimmungsverstärker eingeschaltet: Sie soll die Spielatmosphäre positiv beeinflussen. Auf diese Weise nutzen Kinder Musik, wenn sie alleine etwas bauen, wenn sie basteln oder malen. Aber auch in kommunikativen Begegnungen wie beim Tauschen von Karten, Betrachten von Zeitschriften oder Freundebüchern wird Musik eingesetzt. Darüber hinaus wird sie sehr gern bei den Schularbeiten genutzt. Untersuchungen haben ergeben, dass die Arbeitsergebnisse mit Musik im Hintergrund – wenn diese vom Kind erwünscht ist – nicht schlechter sind als ohne Musik.

Ob Kinder gern oder gar nicht, häufig oder selten Musik im Hintergrund laufen lassen, ist individuell sehr verschieden. Viele Kinder würden nie auf die Idee kommen, Musik so zu nutzen. Doch auch wenn Musik unabhängig vom eigenen Willen läuft – etwa weil Eltern oder Geschwister sie hören wollen –, fungiert sie unbewusst als Hintergrundmusik.

Spielen Kinder Spiele am Computer, am Handy, Blackberry oder einer Spielkonsole, läuft immer wieder auch Musik. Diese prägt sich besonders intensiv ein, weil sie sich ständig wiederholt.

### Musik als Rahmen für Rollenspiele

Versetzen sich Kinder in die Rolle von Stars oder Musikern, so nutzen sie die Musik „nur" als Verstärkung für ihr Rollenspiel. Vordergründig geht es um das Hineinversetzen in eine andere Person.

*Kinder berichten beispielsweise davon, dass sie Musikstar, Band oder Miniplayback-Show spielen. Sie verwenden dabei Taschenlampen oder aus Tennisbällen gebastelte Mikrofonattrappen, sie üben Tanzschritte ein, entwickeln Choreografien, lernen Liedtexte auswendig und merken sich Pausen, damit die Mundbewegungen später stimmen.*[18]

### Musik für sportliche Verausgabung

Tanzen hat nicht nur eine auf Musik bezogene, sondern auch eine sportliche Seite. Was Kinder an akrobatischen Bewegungen und choreografischen Abläufen leisten, ist erstaunlich. Das zeigt sich vor allem bei Musik, die zum Breakdancen, und Popmusik, die zu Gruppentänzen animiert. Je mehr Kontakt Kinder hierbei zu Älteren haben, die sich locker bei spontanen Treffen im Tanzen ausprobieren, desto mehr lernen sie.

Inzwischen gibt es jedoch auch Computerspiele wie die „Wii" von Nintendo, über die man selbst körperlich aktiv werden kann. Auch Spiele wie „Singstar" dienen der eigenen körperlichen Aktivität und bewegen sich zwischen Rollenspiel und Sport. Das Gleiche gilt für die Klatsch- und Gruppenspiele, bei denen selbst gesungen wird (siehe dazu Kapitel 2).

Ob musizieren oder singen,
die Frage lautet:
Was will mein Kind?
Wo liegt seine Leidenschaft?
An welchem Instrument hat es
die größte Freude?





**Was Erwachsene wissen sollten …
über musikalisches Potenzial**

Wenn wir Erwachsenen das musikalische Potenzial von Kindern erfassen wollen, sollten wir uns anschauen, wie sie im Spiel und alleine mit Musik agieren.

- Singt und musiziert ein Kind von sich aus, wenn es allein ist, scheint es der Musik besonders zugetan zu sein.
- Integriert es häufig und gern Gesang und Klang in das Spielen mit anderen Kindern, scheint bei diesem Kind die Musik auch in der Gruppe ein Wohlgefühl zu erzeugen.
- Reagiert es auf Musik aktiv und bewegt, ist es fähig, Musik zu erleben.
- Fängt es spontan und unbewusst an, in seinen Bewegungen, seinem Gesichtsausdruck oder seinem Mitsingen oder -spielen den Gestus eines Musikstückes auszudrücken, ist es umso begabter, was Musik anbelangt.
- Aktivitäten mit Gleichaltrigen, die das Rollenspiel mit Singen und Tanzen verknüpfen, gehören in die Privatsphäre des Kindes. Sie sollten unkommentiert zugelassen werden. In diesem geschützten Raum entwickeln sich zum Teil nachhaltige Kompetenzen.

Die Folge solcher Beobachtungen müsste gar nicht sein, dem Kind fortan musikalische Intensivangebote zu machen und es z. B. in einer Musikschule anzumelden. Entscheidend wäre vielmehr, blockierende Erlebnisse oder Erfahrungen zu minimieren. Disqualifizierende und verletzende Bemerkungen („Du singst falsch!“, „Du machst nur Lärm!“, „Dein Gehabe als Popsängerin ist peinlich!“) können z. B. für eine lebenslange Blockade sorgen.

Unter Umständen können sogar pädagogische Angebote wie musikalische Früherziehungskurse die individuelle Musikalität des Kindes mehr eingrenzen als ihr einen Weg ebnen. Mit seiner natürlichen Begabung würde das Kind dann in die innere Emigration gezwungen, sodass es nach außen zwar funktioniert, aber seine Leidenschaft nicht wirklich entwickeln kann.

Am besten ist es, das Kind zu beobachten, um herauszufinden, ob die Angebote, die ihm zur Ausprägung seiner Musikalität gemacht werden, sich als die richtigen erweisen. Formuliert es selber Interessen, sollte man diesen folgen.

## Ich singe (lieber nicht?)

Wer in seinem Leben viel und gerne gesungen hat, dabei nie gehänselt wurde und sich auf diese Weise eine positive Einstellung zum Singen bewahrt hat, kann froh sein. Allzu oft wird das Singen bereits im Kindesalter negativ kommentiert und dadurch blockiert. Die Hemmungen, die so enstehen, halten sich normalerweise lange, denn der eigene Gesang ist besonders anfällig für psychische Verletzungen. Durch Herabwürdigungen, vor allem von für das Selbstwertgefühl wichtigen Personen wie Lehrern oder Eltern, können lebenslange Blockaden aufgebaut werden. Wenn ein/-e Lehrer/-in oder Erzieher/-in Hemmungen hat, mit Kindern zu singen, liegen die Gründe dafür oft darin, dass ihnen früher einmal gesagt wurde, sie könnten nicht singen. Die so entstandene Blockade sitzt so tief, dass sie auch innerhalb ihrer pädagogischen Tätigkeit nicht mehr singen. Generationen von Kindern werden in der Folge am Singen gehindert bzw. nicht unterstützt.

Drei Begründungen für das Nicht-Singen tauchen immer wieder auf:

- Jemand hat gesagt, man singe falsch oder könne nicht gut singen.Wenn man z.B. für eine Zensur in der Schule vorsingen musste und diese nicht gut war, hielt man sich daran und sang nicht mehr.
- Durch das Vermeiden des Singens wurde die Stimme lahm und schwach. So kam es, dass man tatsächlich nicht mehr auf natürliche Weise singen konnte.
- Die musikpädagogische Forderung nach dem „richtigen" Singen hing wie ein Damoklesschwert auch über jenen, die noch gerne und natürlich sangen. Sie glaubten, den Ansprüchen nicht genügen zu können, und sangen deswegen nicht.

## Ich singe in mich hinein – der Singsang

Im Singsang begegnet man ruhig sich selbst. Nur dem eigenen inneren Klang nachhorchend, erlebt man sich introvertiert in seiner eigenen Welt. Bei dieser Art von Singen bzw. Summen wird unmittelbar in Klang umgesetzt, was als Gedanke oder Gefühl unformuliert und unbegriffen auftaucht.[19]

Dieses Bei-sich-selbst-Sein im Vor-sich-hin-Singen gehört zu den natürlichsten musikalischen Ausdrucksformen des Menschen. Es ist nicht nur die Freude am Klangsinnlichen, die einen singen lässt. Es ist auch hier wieder der Blick nach innen. Die gesungenen Töne wirken wie eine Rutsche in sich selbst hinein und wieder hinaus. Der Singsang ist nur für einen selbst bestimmt. Hier gibt es keinen Adressaten. Im Gegenteil: Im Moment des Entdecktwerdens wird der Singsang gestoppt.

**Überprüfen Sie selbst:**

Unabhängig davon, ob Sie zur Musik aus der Konserve summen oder ohne Musik im Raum vor sich hin trällern, ob Sie sich unter der Dusche oder beim Kochen, beim Putzen oder Nähen, bei der Gartenarbeit oder im Auto befinden und vor sich hin singen:

- Welches Gefühl vermittelt Ihnen Ihr eigener Singsang?
- Was macht diese Art des Singens so angenehm?
- In welchen Situationen verfallen Sie in den Singsang?
- Wie verhalten Sie sich, wenn andere Ihrem Singsang beiwohnen?

Diese Figur von Barlach zeigt die Entspanntheit, in der „Der singende Mann“ sich seinem Gesang hingibt. Er hält die Augen geschlossen und pendelt sein Gleichgewicht ganzkörperlich aus. Er singt nur für sich, es gibt keinerlei Hinwendung nach außen. Ohne Scheu genießt er sein Singen und sich selbst. Auch Kinder, Jugendliche und Erwachsene können auf diese Weise singen. Voraussetzung dafür ist, dass das natürliche Singen, wie es die Barlach-Figur zeigt, nicht blockiert wurde durch pädagogisch sinnlose, aber „wichtig“ klingende Vorstellungen und Maßnahmen.

## Das Lallen

Dem Singsang sehr ähnlich ist das Lallen. Dabei handelt es sich um ein in Töne gefasstes Murmeln mit leichten Auf- und Abbewegungen, die von Entspannung geprägt sind.

*Vorformen des Sprechens und Singens lassen sich bereits im Sprechlallen und Singlallen beobachten, zwei kindliche Ausdrucksformen, die schon ab dem 2. bis 3. Lebensmonat zu beobachten sind, wenn man zum Kind spricht, ihm etwas vorsingt oder Musik vorspielt. So besteht die Erscheinungsform des Singens in einer Art von Spielen mit Tönen. Dabei scheint das Kind Umfang und Möglichkeiten der Stimme auszuprobieren.*[20]

In dem traditionellen Lied „Nun wollen wir singen das Abendlied" macht sich diese Form der Melodiebildung bemerkbar.

Auch in der Rock- und Popmusik gibt es immer wieder Melodiephrasen, die auf diesen Ursprung hinweisen. Ein Beispiel ist das Lied „Big, big world" von Emilia.

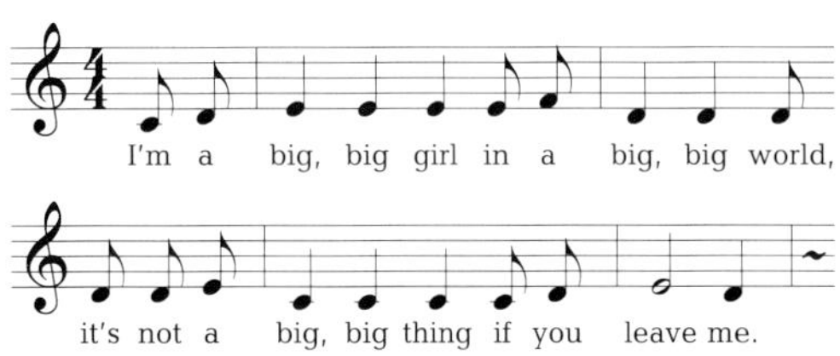


## Ich singe es aus mir heraus – Ruf und Schrei

*Als ich ein halbes Jahr bei einer Organisation in Colorado mit Wölfen lebte, versuchte ich in dieser Zeit, auch durch eigene Tonaufnahmen der Wolfslaute, ihr Heulen musikalisch zu analysieren. Genaue Intervalle konnte ich nicht bestimmen – nur die Tatsache, dass das Heulen mit einem lauter werdenden Aufschwung bis etwa zur Quarte beginnt und dann mit einem leiser werdenden Glissando zum Ende kommt.*[21]

Der Schrei gilt als eine der natürlichen Stimmäußerungen, aus denen sich Melodien entwickelt haben. Bereits im Alter von drei Monaten wird beim Schreien ein Tonumfang verwendet, den ein zehnjähriges Kind zur Verfügung hat.[22]

*Diese Erlösung durch Entäußerung im Augenblick hoher Spannung schafft in sich beschlossene Selbstgewissheit, gleichzeitig aber auch in die Welt gerichtete Mit-Teilung.*[23]

Aus dem Schrei entwickelte sich der Ruf, der in vielen Liedern auftaucht. Besonders gut erkennbar ist diese Äußerungsform im Village-People-Klassiker „Go West", der sich aus der Melodie der russischen Nationalhymne entwickelt hat und in unzähligen Varianten singende Fußballfans in Stadien beschäftigt, z.B. bei „Steh auf, wenn du ein Schalker bist".

Hier wird mit dem allerersten Ton Schwung geholt („Steh") für den Tonsprung nach oben („auf"), der im Intervall der Sexte ganz besonders intensiv ausfällt. Kaum ist man oben, fällt die Melodie herab, um dann gleich noch einmal Schwung zu holen für einen nicht ganz so hoch gelegenen Ton, von dem aus die Melodie ein weiteres Mal herabfällt.

Spannung und Entspannung gehören zu den wichtigsten Gestaltungsprinzipien von Musik und zeigen sich hier in ihrer elementaren Form

## Die Quart – ein gern gesungenes Intervall

Der Tonabstand der Quart gilt als der wichtigste Rahmen für Melodiebildungen. Zwei abfallende Quarten bilden eine Oktave, und alle Melodien, die aus solchen „Fallmelodien" entstanden sind, gelten als Ergebnisse der „Domestizierung des Schreis".[24]

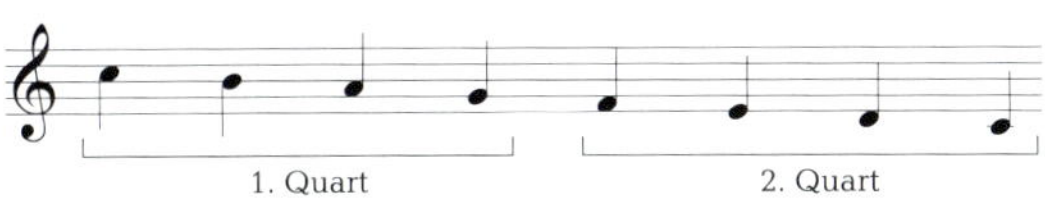


Zwei abfallende Quarten bilden eine Oktave.
Viele Lieder basieren auf diesen Melodieelementen.

Der abfallende Quartsprung zeigt sich in den folgenden Noten aus dem alten Volkslied „Heißa Kathreinerle", in der Melodie zu den Worten „Heißa Kathreinerle".

Auch das berühmte „We will rock you" der Gruppe Queen hat in seinem Refrain die abfallende Quart.

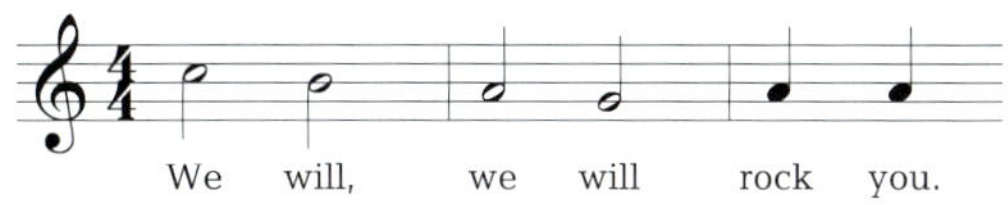


In dem schönen und bekannten „Banana-Boat-Song" von Harry Belafonte ertönt der Ruf „Day-oh" besonders eindringlich. Auch hier handelt es sich um einen gesungenen, abwärtsführenden Quartsprung.

Die abfallende Melodieführung ist die am meisten verwendete Formel, wenn Menschen singend improvisieren.

Eine Melodie, die mit einer aufsteigenden Quart beginnt, erscheint wie ein Ruf, dem Sprechen sehr nahe. Einen solchen musikalischen Ruf hört man zum Beispiel gut im Schlager „Theo, wir fahr'n nach Lodz", der 1974 als Neuauflage eines deutlich älteren Volksliedes mit der Sängerin Vicky Leandros in die deutschen Hitparaden schnellte.

## Was Kinder gerne singen

**Sanft und ein wenig nachdenklich**
Kinder lassen sich von Liedern gern berühren. Sie genießen die sanften Melodiebögen und hören dem Text zu. Das Beispiel des Liedes „Winterschlaf" zeigt, wie einfache Melodien dennoch eine große Wirkung entfalten können, denn dieses Lied ist bei Grundschulkindern sehr beliebt. Aber auch Popmelodien wie etwa der Hit der Gruppe Ich & Ich „Du bist vom selben Stern" berühren in Text und Melodie.

## Winterschlaf

(Musik: nach einer schwedischen Volksweise
Text: K.W. Hoffmann)

**Action!**
Bewegungslieder müssen keine feinen Melodien haben, sondern die Aktion unterstützen. Das Lied „Der Shark-Song" wird nur auf drei Tönen – der sogenannten Rufterz – gesungen. Hier findet sich das Prinzip des „Call & Response" in einfacher, gesungener Form: Der Sänger sagt, worum es geht, die Gruppe macht die Bewegung und singt dazu das „Na, na, na".

## Der Shark Song

(Text + Musik: mündlich überliefert)

Melodie 1

There was a boy, na na na na na na na.
And a girl,
They went to beach,
They went by bike,
They swam out,
Fur - ther out,

Melodie 2

1. Moth - er shark, na na na na na na na.
2. Fath - er shark,
3. Grand - ma shark,
4. Grand - pa shark,
5. Ba - by shark,

**Melodie 1**
So they swam back, na na …
Further back, na na …

*Gesprochen (Vorsänger/-in)*:
But there were more sharks!
*Alle (kreischend):* Aaah!

**Melodie 2**
Mother *bis* Baby Shark, dann:
6. Super Shark, na na …
7. Surfer Shark, na na …
8. Elvis Shark, na na …
9. Zombie Shark, na na …

**Melodie 1**
So they swam back, na na …
Further back, na na …
They swam to the beach, na na …
They went home, na na …

*Gesprochen (Vorsänger/-in)*:
And in their dreams, they saw sharks!
*Alle (kreischend):* Aaah!

Fantastisch geeignet für die Bewegung ist auch das Lied „Simama kaa“. Wenn man die Worte übersetzt, ergibt sich eine exakte Bewegungsanleitung, die zwar wenig kreativen Spielraum lässt, aber dennoch viel Spaß macht.

## Simama kaa

(Text + Musik: mündlich überliefert aus Tansania)

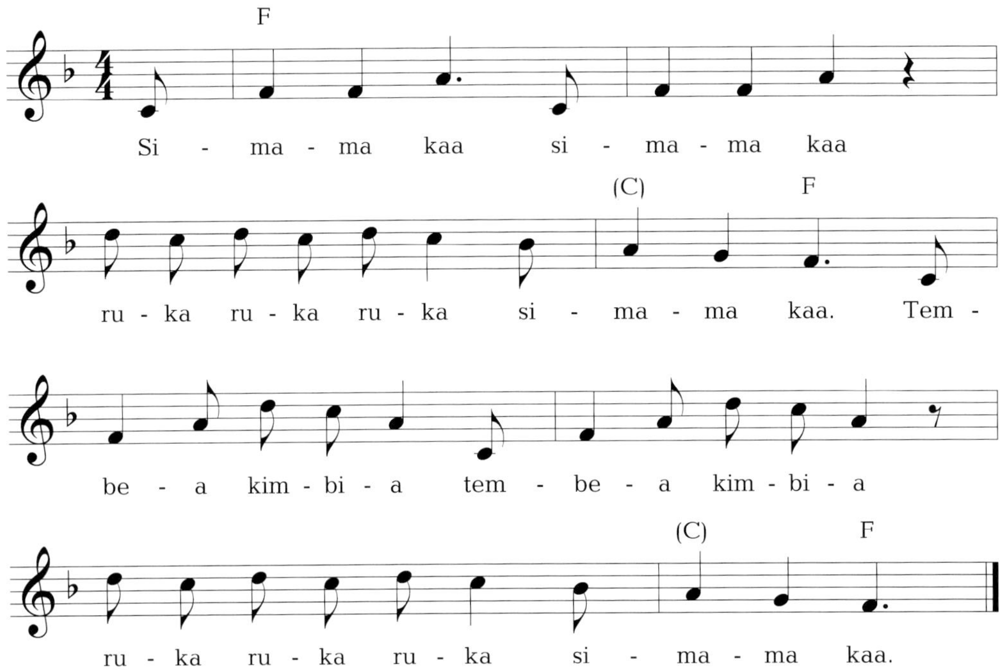


| | | | | | |
|---|---|---|---|---|---|
| simama | heißt | stehen | tembea | heißt | gehen |
| kaa | heißt | sitzen | kimbia | heißt | rennen |
| ruka | heißt | hüpfen | | | |

### Rhythmische Gesänge

Während bei den Bewegungsliedern noch „richtig“ gesungen wird, gibt es eine Rubrik beliebter Lieder, die eher dem Sprechgesang zuzuordnen sind.

„Wer hat die Kekse aus der Dose geklaut“ ist so ein Lied. Seine Energie bezieht es ausschließlich aus dem Rhythmus des Sprechgesanges.

**Wer hat die Kekse aus der Dose geklaut** (Text + Musik: mündlich überliefert)

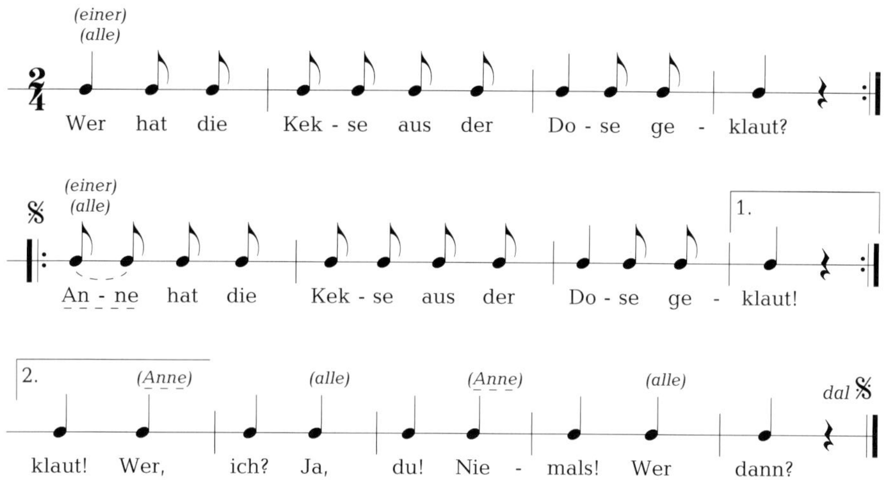


Auch viele Klatschspiele basieren auf diesem Prinzip, zum Beispiel „Auf einer bayrischen Bank". Die Töne, die verwendet werden, dienen nur der Hebung und Senkung der Stimme. Ein besonderes Beispiel für die Begeisterung von Kindern für den Sprechgesang ist deren Fähigkeit, den sehr, sehr schweren Text von „We will rock you" der Gruppe Queen zu lernen. Dieser Sprechgesang ist offenbar auch durch seinen einfachen Begleitrhythmus so faszinierend, dass der Text von etlichen Kindern, die dazu (gemessen an dem, was der schulische Lernstoff für dies Altersgruppe vorsieht) überhaupt nicht in der Lage sein dürften, durch beharrliches Üben ab der vierten Klasse beherrscht werden kann.

**Quatsch-Geschichten**

Kinder lieben Unsinn. Je blödsinniger und skurriler, desto besser!

Weil es von solchen Lieder nicht viele gibt, denken Kinder sich selbst welche aus, wie „Von den blauen Bergen kommen wir", wobei sie darin mithilfe von Übertreibung und Ironie auch immer Ausschnitte möglicher Realität verarbeiten.

**Eingängige Melodien**

Oft singen Kinder aktuelle Hits nach, weil sie mit besonders anregenden Melodien ausgestattet sind. Marit Larsen hat so eine Melodie auf den Markt gebracht mit ihrem Lied „If a song could get me you". Es beeindruckt, wie Kinder ohne irgendeine Textkenntnis diese Melodie nachsingen. Auch „Probier's mal mit Gemütlichkeit" aus dem Film „Das Dschungelbuch" ist wegen seiner eingängigen Melodie ein Evergreen. Diese Melodien müssen gut im Ohr liegen, unabhängig von ihrem Schwierigkeitsgrad. So handelt es sich bei dem Ohrwurm „I like the flowers" nicht umsonst um eine Melodie, die immer wieder mit neuen Texten versehen wird.

KAPITEL 2

# Das Spiel mit der Welt der Erwachsenen

## Wie die Großen

Wenn Kinder anfangen, absichtsvoll kreativ zu werden, also etwas Bestimmtes zu singen, zu musizieren oder zu tanzen, so verarbeiten sie darin auch die Realität, in der sie leben. Ab dem Vorschulalter nehmen Kinder mit Musik und Tanz das auf, was sie aus der Erwachsenenwelt übermittelt bekommen und finden dafür ihren eigenen Ausdruck.

Auch wenn sich Kinder Musik ausdenken, bewegen sie sich in den Strukturen der Musik, die in ihrer Umgebung präsent sind, denn selbst Kinder im Vorschulalter können diese schon sehr bewusst wahrnehmen. Die handwerklichen Fähigkeiten fehlen zwar noch, um das Gehörte original nachzuspielen oder zu singen, doch sie improvisieren im Spektrum dessen, was sie in ihrem Umfeld kennenlernen. Wie perfekt Kinder die Erwachsenenwelt imitieren können, zeigen Sendungen wie die „Miniplayback-Show" oder „Das Supertalent".

Auch beim Tanzen ist es so, „dass sich das, was Kinder als ‚äußere' Körperhaltung von Erwachsenen beobachten, als ‚innere' Haltung in ihrem eigenen Spiel widerspiegelt."[25] Es geht auch hier nicht um technische Fähigkeiten, sondern um ein ganzheitliches Verständnis von Tanz. Ohne jedes sachliche Wissen verstehen Kinder Musik und Tanz unwillkürlich in ihrem Ausdrucksgehalt: Sie verstehen Musik und Tanz in ihrem Gestus. Und den setzen sie im Spiel auf ihre eigene Weise um. Dabei bildet der stimmliche und/oder instrumentale Ausdruck immer eine Einheit mit der dazugehörigen Bewegung.

Als Rahmen dienen musikbezogene Rollenspiele wie Karaoke-Show, Bandauftritt oder das Nachahmen von Popstars. Kinder basteln sich Requisiten, erarbeiten Tanzschritte und Choreographien, lernen Liedtexte auswendig oder reimen sie um, weil ihnen das englische Original zu schwierig erscheint, und verwenden viel Zeit darauf, ihre Performance zu üben.

Diese Videobilder stammen aus einer Laienaufnahme im Unterricht der Grundschule. Getanzt wird der Refrain zu dem Stück „Low" von Flo Rida.

## Kinder erfassen Musik in ihrem Gestus

Beobachtungen zeigen immer wieder – und überall! – wie Kinder aktuelle Musik, die sie mögen, praktisch umsetzen. Hier einige Beispiele aus dem Schulalltag:

- Eine Gruppe von Sechsjährigen singt einen aktuellen Hit. Es stimmen weder die Noten der Melodie noch der Text, obwohl das Lied wiedererkennbar ist. Perfekt erfassen sie jedoch den Charakter der Musik. Auch die Bewegungen werden überraschend gut getroffen. Sie haben das Stück in seinem Ausdruck verstanden und geben dies in ihren Bewegungen und in ihrer Art des Gesangs wieder.
- Die Klasse tanzt zu einem aktuellen R&B-Stück[26], das lange Rap-Passagen enthält, während der die Kinder solistisch tanzen können. Die Tanzbewegungen befinden sich z. T. auf einem so weit entwickelten Niveau, dass man staunend zur Kenntnis nimmt, wie erfolgreich der „Unterricht“ ist, den die Kinder sich selbst durch Beobachten und Nachahmen geben.
- Jungen hören AC/DC und ahmen die Rockinstrumente nach. Vor allem das Spielen an der Luft-E-Gitarre.

Es sind nicht nur die Kinder, die Musik spontan in ihrem Gestus erfassen. Auch Erwachsene tun dies, denn es gibt Wettbewerbe, ja sogar Weltmeisterschaften im Luftgitarrespielen!

So erfassen auch die „Großen“ Musik in ihrem Gestus, ohne real existierendes Instrument, aber so, als würden sie selbst musizieren! Man könnte unzählige Beispiele anschließen, wie Menschen Musik in ihrem ganzheitlichen Ausdruck erfassen.

**Überprüfen Sie selbst:**

- Versetzen Sie sich in den Gestus eines Musikstückes, wenn Sie ein Lied, das Sie besonders gern mögen, vor sich hin summen?
- Verbinden Sie das beliebte Stück mit den dazugehörigen Bewegungen, dem Gesichtsausdruck, der Art des Singens oder Spielens?

## Spiele aus mündlicher Überlieferung



### Klatschspiele

Kinder erzählen sich Witze, tauschen Rätsel, Sprüche oder Reime aus, übermitteln Lieder, Tanzschritte und Spielformen. Dies geschieht außerhalb pädagogischer Räume, wenn die Kinder unter sich sind. Wird dabei gesungen, so tun sie das fast immer in Kombination mit Bewegung. Je interessanter die Bewegungsfolge zu einem Lied, desto begehrter ist das Spiel und desto häufiger wird es tradiert. Auf diese Weise haben Kinder sich immer schon mit Themen ihres Alters beschäftigt und mit der Realität der Erwachsenenwelt, ihren Tabus und Verboten auseinandergesetzt. Material dafür liefern die tägliche Umgebung, das Verhalten der Erwachsenen und die gesamte Medienwelt. Oft bleibt nur ein Gerüst an inhaltlichen und melodischen Formeln übrig, wobei sprachliche (auch fremdsprachige) Floskeln und Bruchstücke meist unverständlich und immer wieder neuartig kombiniert werden.[27] Hier ein aktuelles Beispiel:

*Itze baby, itze baby,*
*tschaka tschaka ding dong,*
*Charlie champion, Charlie champion,*
*Charlie champion yes, yes.*

Dazu wird ein sehr kompliziertes Klatschspiel durchgeführt.

Alle darin befindlichen sprachlichen Muster tauchen innerhalb der mündlichen Überlieferung immer wieder in veränderter Form auf. „Itze“ bezieht sich auf den alten Schlager „Itsi Bitsi Teeny Weeny Honululu Strandbikini“ von Caterina Valente aus dem Jahr 1960. Das „Charlie champion“ ist eine Umdichtung von Charlie Chaplin, weil die Kinder, die dieses Klatschspiel vorführten, den Schauspieler nicht kannten. „Champion“ war ihnen als deutsch/englischer Begriff dagegen vertraut, ebenso der Name Charlie.

Verständliche Texte sind in solchen Spielen und bei solchen Gesängen nicht wichtig. Sprache gehört hier zum akustischen Spielmaterial! Entscheidend ist, ob die Silben als gutes Tonmaterial taugen, ob der Rhythmus in der Sprechweise der Silben attraktiv ist und ob sich die Worte gut aussprechen lassen. Kurz: Hier wird Klangmusik komponiert bzw. improvisiert, und nur das, was sich klangsinnlich bewährt, wird tradiert.

**Überprüfen Sie selbst:**

- Welche Klatschspiele kennen Sie aus Ihrer Kindheit?
- Wie wurden sie gespielt?
- Erinnern Sie sich noch an den Rhythmus der Klatschspiele?

## Harte Wirklichkeit

Wie Kinder in Liedern mit ihrer erwachsenen Umgebung spielen, zeigen die folgenden Liedtexte. Wie häufig auch in anderen Kinderspielen üblich, werden Bilder, die der Realität entnommen sind, gemixt mit Übersteigerungen und frei Erfundenem. Zum Beispiel im Lied „Gestern Abend um halb zehn":

*Gestern Abend um halb zehn*
*Ging die NN[30] ganz allein*
*Durch die Straßen von Berlin.*
*Hinter ihrem breiten Rücken*
*War ein Junge zu erblicken*
*Oh, wie ist die Liebe schön.*

*Wenn die Liebe gar nicht wär*
*Wär der Kinderwagen leer*
*Und der Storch muss stempeln gehen.*

*Mit dem Stempel in der Hand*
*Läuft er schnell zum Arbeitsamt*
*In das Zimmer 110.*

*Wau wau wau wau*
*Der NN hat 'ne Frau!*
*Pack an, pack an,*
*Die NN hat 'n Mann!*

*Warum hast du nur geheiratet?*
*Warum hast du's nur getan?*
*Einen Haufen voll Kinder*
*Und 'nen besoffenen Mann![29]*

Gespielt wird hier mit Versatzstücken bitterer, doch nicht ungewöhnlicher Realität (z.B. unglücklich verheiratet zu sein), mit Bildern (der Storch geht stempeln), Lautmalereien (wau, wau, wau) und Fantasien, die etwas mit Sexualität zu tun haben (oh, wie ist die Liebe schön).

Auch im erheblich „brutaleren" Lied „Sechzehn Kinder" werden Klangwörter, Spaß und Ernst, Reales und Irreales miteinander vermengt. Im Unterschied zu Märchen erfolgt diese Mischung hier chaotisch und gespickt mit Überraschungen.

*Sechzehn Kinder hab ich,*
*hab ich, hab ich,*
*sechzehn Kinder hab ich,*
*heiditsch, deidatsch, deidutsch.*

*Fünf will ich verkaufen,*
*fünf will ich nach Holland schicken,*
*fünf will ich versaufen.*

*Und das eine, was ich hab,*
*macht mir so viel Kummer,*
*steck es in den Kleiderschrank,*
*lass es dort verhungern.*

*Komm mit nach Lindenau,*
*da ist der Himmel blau,*
*da tanzt der Ziegenbock*
*mit seiner Frau im Unterrock![30]*

Auch hier wird also das Realistische (Kinder haben) mit dem Unrealistischen (sechzehn Kinder haben) gemixt und ins Kriminelle (Kinder versaufen, verkaufen und verhungern lassen) gesteigert, um dann völlig „abzuheben" (in Lindenau ist der Himmel blau). Das ist Spielen im kreativsten Sinne! Zu beiden Textbeispielen gibt es diverse Varianten[31], und alle Beispiele stammen aus Kindermund. Inwieweit die persönliche Umwelt oder die Welt im Allgemeinen beim Gebrauch des Liedes be- und verarbeitet wird, bleibt offen: Das ist Sache jedes einzelnen Kindes.

### Frauenpower

Kinder erfinden immer wieder Spiellieder, in denen Mädchen kess und selbstbewusst auftreten und mit Bildern ihrer Rollenzuweisung spielen. Eines von vielen Beispielen für solche „Mädchenlieder" trägt den Titel „Zigaretten und Zigarren sind verboten":

*Zigaretten und Zigarren sind verboten,*
*denn die Jungs sind die Idioten.*
*Darum nennt man sie die Knaben,*
*weil sie einen Vogel haben.*
*Ja, so ist es, ja, so bleibt es,*
*aus den Jungs wird nichts Gescheites.*

*Zigaretten und Zigarren sind erlaubt,*
*denn die Mädchen wischen Staub.*
*Darum nennt man sie die Ladys,*
*weil sie tanzen wie die Babys.*
*Ja, so ist es, ja, so bleibt es,*
*aus den Jungs wird nichts Gescheites.*[32]

**Überprüfen Sie selbst:**

- Welche Kinder-Singspiele kennen Sie aus Ihrer Kindheit?
- An welche Gruppenspiele mit Gesang erinnern Sie sich?
- Welche Schlager haben Sie in kindlichen Spielgesängen „adaptiert"?

### Ein musikalisches Potpourri

Ein anderes Beispiel ist das Lied „Ein Paar rote Ringelsöckchen"[33]. Wie in den nebenstehenden Noten zu sehen ist, setzt sich die Melodie aus den verschiedensten Elementen zusammen.

Wie bei den anderen zitierten Melodien ist die von den Ringelsöckchen eine zusammengesetzte. Während im ersten Teil in einer Art Sprechgesang über die Tonart C-Dur in immer gleicher Tonfolge die Verse vorgetragen werden, so wechselt bei „Ein junger Mann, Mutti" das Melodiemuster in eine volkstümlich fallende Linie im Schlagerrhythmus (siehe die Synkope bei „Mutti"). Die Melodieabschnitte bleiben wiederum gleich, obwohl sie sich der Tonart C-Dur zufolge eigentlich geringfügig ändern müssten. Beispiel: „Hat mich geküsst, Mutti" müsste normalerweise mit den Tönen G = „küsst" und E, E bei „Mut-ti" intoniert werden.

Bei „cha, cha, cha" wird jedoch davon ausgegangen, dass man sich inzwischen in der Tonart F-Dur befindet, von der aus es in den Melodieton B geht. So hört das Lied völlig „falsch" auf, weil der erste Teil des Liedes offensichtlich schon viel zu lang her war, als dass man sich tonartengetreu noch darauf hätte beziehen wollen. Rhythmische Akzente wie das „hey", die Synkope bei „Mutti" und die beiden „Cha-cha-chas" verleihen dem Lied Pepp, sodass es gern gesungen wird.

## Ein Paar rote Ringelsöckchen

(Text + Musik: mündlich überliefert)

### Frech, aber witzig

Frech und vor allem witzig kommt auch das Lied von der Oma, die im Hühnerstall Motorrad fährt, daher. Hier geht es nicht um Klangmusik und auch nicht um Vermengung verschiedener Ebenen, sondern ganz einfach um den Text, der durch die schmissige Melodie hervorgehoben wird. Je frecher der Text ist, desto witziger – darauf kommt es hier an.

Auch zu diesem Spiellied gibt es unendlich viele Textvarianten. Hier ein paar ausgesuchte Strophen:

Meine Oma hat 'n Hamster, der gibt Pfötchen...
Meine Oma hat 'ne Brille mit Gardine ...
Meine Oma hat 'n Nachttopf mit Beleuchtung ...
Meine Oma hat 'ne Glatze mit Geländer ...

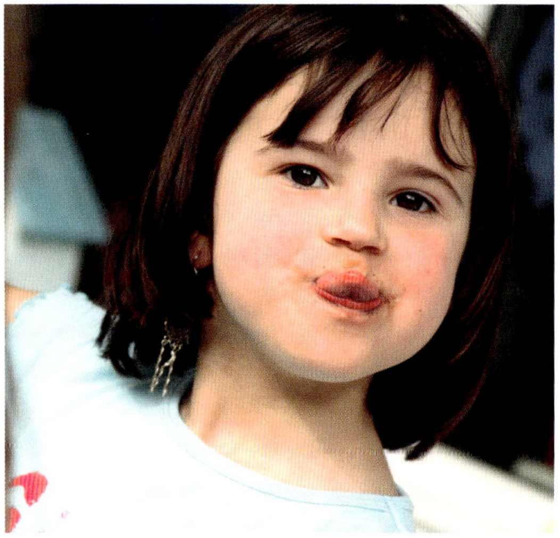

### Was Erwachsene wissen sollten ... über mündlich tradierte Spiele

Es gibt kein Material, das so deutlich wie all diese mündlich tradierten Singspiele zeigt, wie unbefangen Kinder mit ihrer erwachsenen Umgebung spielen können: locker, witzig und knallhart. Immer wieder versuchen Liedermacher und Songschreiber, diese Fantasien in komponierten Kinderliedern wiederzugeben bzw. nachzuahmen. Doch dies gelingt fast nie. Die Kombination aller Elemente, die Kindern in ihren musikalischen Spielen wichtig sind, ist so komplex, dass kein Erwachsener imstande ist, sie zu imitieren.

- Die Melodien müssen eingängig sein, ohne zu langweilen. Es finden immer wieder Taktverschiebungen und abrupte Sprünge in den Liedteilen statt.
- Der Rhythmus von Text und Melodie muss animieren und energievoll zu sprechen sein. Er muss die Musik voranbringen.
- Die Bewegung darf nicht unter dem Niveau der Kinder liegen. Sie muss sowohl Tempo als auch Geschick ermöglichen, und sie muss Witz und Spannung beinhalten.
- Die Texte müssen mehr erahnen lassen als aussprechen. Stichworte genügen für eine ganze Lebensgeschichte. Versatzstücke aus völlig verschiedenen Bereichen der Fantasie und der Realität werden kombiniert. Das Chaos ergibt die Ordnung eines Kaleidoskops: bunt gemixt und doch in Form gebracht.
- Die Erwachsenenwelt wird schonungslos gezeigt, doch es werden keine Vorwürfe formuliert, etwa im Hinblick auf den Widerspruch zwischen den Unzulänglichkeiten der Erzieher und ihrer Vorbildfunktion.

## Astrid Lindgren: „Ronja Räubertochter“

In der Nacht, als Ronja geboren wurde, rollte der Donner über die Berge, ja, es war eine Gewitternacht, dass sich selbst alle Unholde, die im Mattiswald hausten, erschrocken in ihre Höhlen und Schlupfwinkel verkrochen. Nur die wilden Druden liebten Gewitter mehr als jedes andere Wetter und flogen mit Geheul und Gekreisch um die Räuberburg auf dem Mattisberg. Das störte Lovis, die dort lag, um ein Kind zu gebären, und sie sagte zu Mattis:
»Scheuch diese Grausedruden weg, damit es hier still ist, sonst höre ich nicht, was ich singe!«
Es war nämlich so, dass Lovis sang, als sie ihr Kind gebar. Es gehe dann leichter, behauptete sie, und wahrscheinlich werde das Kind auch von heiterer Natur, wenn es bei Gesang zur Welt kam.
Mattis griff nach seiner Armbrust und schoss ein paar Pfeile durch die Schießscharte.
»Trollt euch, ihr Wilddruden!«, brüllte er. »Ich krieg heut nacht doch ein Kind, begreift ihr das nicht, ihr Scheusale?«
»Hoho, er kriegt heut nacht ein Kind!«, heulten die Wilddruden.
»Wohl ein Gewitterkind, klein und hässlich fürwahr, hoho!«
Da schoss Mattis noch einmal mitten in die Schar, aber sie hohnlachten nur über ihn und flogen mit wütendem Gekreisch über die Baumwipfel davon.

Während Lovis dort lag und sang und ihr Kind gebar und Mattis die Wilddruden bändigte, so gut er es vermochte, saßen unten in der großen Steinhalle seine Räuber am Feuer und schmausten und zechten und lärmten nicht weniger laut als die Druden. Irgendwas mussten sie ja tun, während sie warteten, und alle zwölf warteten nur darauf, was da oben im Turmzimmer geschehen würde. Denn in ihrem ganzen Räuberleben war auf der Mattisburg noch nie ein Kind geboren worden.
[...]
Ronja wuchs mit jedem Tag und begann so allmählich, die Welt um sich herum zu erforschen. Lange glaubte sie, die große Steinhalle sei die ganze Welt. Und dort fühlte sie sich wohl, dort saß sie so geborgen unter der langen Tafel und spielte mit Tannenzapfen und Steinchen, die Mattis ihr mitbrachte. Und die Steinhalle war wahrlich kein übler Platz für ein Kind. Viel Spaß konnte man dort haben, und viel lernen konnte man dort auch. Ronja gefiel es, wenn die Räuber abends vor dem Feuer sangen. Still hockte sie dann unter dem Tisch und lauschte, und schließlich konnte sie alle Räuberlieder auswendig. Dann fiel sie mit glockenheller Stimme ein, und Mattis staunte über sein einzigartiges Kind, das so schön singen konnte. Auch das Tanzen brachte sie sich selber bei. Denn wenn die Räuber so recht in Schwung kamen, tanzten und hopsten sie wie närrisch durch den Saal, und Ronja guckte es ihnen schnell ab. Bald tanzte und hopste auch sie und machte Räubersprünge zu Mattis‘ großem Vergnügen. Und wenn sich die Räuber danach auf den Bänken an der langen Tafel niederließen, um sich mit einem Humpen Bier zu erfrischen, prahlte er mit seiner Tochter.

Auszug aus: Astrid Lindgren: Ronja Räubertochter. Oetinger, Hamburg 1982

KAPITEL 3

# Musikhören als Zentrum musikalischer Aktivität

## Genussvoll Musik hören

Das Musikhören steht im Zentrum der Nähe zu Musik und hat nichts Passives: „Musikhören wird im Musikerleben zu einem aktiven Gestalten des wahrgenommenen Klangs."[34] Denn Musik sagt – außer über sich selbst – nichts aus. Es handelt sich nur um Töne im Zusammenklang. Wer Musik hört, belegt einen Klang mit Bedeutung und verleiht ihm eine Aussage – eine elementare musikalische Fähigkeit.

Bei der Betrachtung folgender Bilder wird klar, was das Hören von Musik im positiven Sinne ausmacht.

Die pure Freude vermittelt das „Himmelsbild" von den zwei Kindern, die fröhlich, an den Händen gefasst, auf einer Wolke tanzen. Vielleicht singt das Kind, dessen Mund offen steht, gerade zur Musik. Der Rekorder, aus dem die Musik kommt und der zwischen den Kindern steht, ist klein, doch die Musik verbreitet sich überall, was an den vielen Noten

Dedić, 13 Jahre

augenscheinlich ist. Musikhören und Musikmachen sind hier direkt verknüpft, denn die umgebenden Engel musizieren begeistert auf Instrumenten zur Musik. Der junge Zeichner schreibt als Kommentar zu seinem Bild:

> *Fliegen ist schön. Schweben ist schöner. Musik ist am schönsten. Engelsmusik soll ja sehr schön sein, aber die Engel freuen sich sicher, wenn sie endlich mal eine fetzige Popmusik zu hören kriegen.*

Die Ohrstöpsel, die das Mädchen rechts trägt, sind ausschließlich Mittel zum Zweck. Im Zentrum stehen das Mädchen und sein Wohlgefühl. Die Zeichnerin benennt eindeutig, was sie beim Musikhören genießt: „Wenn ich Musik höre bin ich entspannt!!!" Sie ist der Technik nicht ausgeliefert, sondern nutzt das Medium für sich selbst. Sie ist auch nicht passiv und lässt sich „zudröhnen", sondern aktiv im Zuhören und ihrer Freude an der Musik.

Wir erfahren nicht, welche Musik sie hört. Es könnte sein, dass aus ihrem Kopfhörer Rockmusik ertönt und dieses Wohlgefühl erzeugt, es könnten aber auch „Tabaluga"[35] oder klassische Musik, der neueste Hit von Beyoncé[36] oder ein Lied von Martin Hintersee sein. Es geht diesem Mädchen gar nicht um eine bestimmte Band oder Musikrichtung. Es geht ihr um das unbeschwerte Musikerleben.

Leonie, 10 Jahre

Besonders beeindruckend ist dieses Bild, zu dem die Zeichnerin schreibt: „Mein Bild ich habe mich Gemalt wie ich der Konzert Musik zuhöre auf dem Bild fiende ich die Konzert musik Toll die instrumente intresiren mich auch die Stimung ist Toll."[37]

Sabina, 10 Jahre

Aktive Beteiligung in purem Entzücken zeigt das folgende Foto. Das Kind ist Zuhörer einer interaktiven Aufführung der Peer-Gynt-Suite für Kindergärten, an der Christoph Gotthardt beteiligt war.

### Aktivsein fürs Musikhören

Kinder kaufen nicht nur Musik, sie beschaffen sich auch Informationen darüber. Musikbezogene Informationsquellen sind „das Fernsehen mit seiner Werbung, seinen Musiksendungen und Filmen, aber auch Musikzeitschriften, CD-Cover und Versandkataloge".[38] Die Kinder informieren sich hier über CDs, Konzerte und Künstler, Moden und Tanzstile, aber auch über das Spielen von Musikinstrumenten. CDs zu leihen, kaufen, brennen und/oder zu verschenken, gehört inzwischen auch zum Freizeitverhalten von Grundschulkindern. Im Zusammenhang mit dem Musikhören werden Kinder also aktiv:

- Sie tanzen und bewegen sich zur Musik.
- Sie musizieren mit Instrumenten oder Alltagsgegenständen zu den gehörten Stücken.
- Sie singen und summen die Lieder.
- Sie agieren mit Medien.

Diese Aktivitäten finden nicht in den Institutionen statt, sondern zum größten Teil in privaten Räumen. Es handelt sich hier um selbst initiierte Aktivitäten, d.h., die Kinder organisieren ihre Tätigkeiten selbst. Aktivitäten wie das Reproduzieren vorgegebenen Materials, z.B. beim oft leidigen Üben eines Instruments, sind dagegen eher an Erwachsenen orientiert und beruhen oft auf deren Initiative. Kreatives wie das Erfinden von Musik oder das Ausprobieren von Tanz und Gesang sind vor allem selbst initiiert.

Auch wenn Kinder im Fernsehen Livemusik hören, sind sie häufig aktiv: 70 % der Befragten schilderten tänzerische Aktivitäten, 24 % Singen und 6 % Musizieren während des Musikschauens im Fernsehen.[39]

Gefragt wurde auch, ob Kinder mit vielen musikalischen Anregungen aktiver sind als Kinder mit weniger Anregungen. Dabei stellte sich heraus, dass dies nicht der Fall ist. Erstere übernehmen mehr aus der Schule und dem familiären Umfeld und musizieren und reproduzieren häufiger – vor allem ohne Medien. Kinder mit weniger musikalischen Anregungen sind eigenständiger aktiv, probieren viel mehr aus, sind mit Medien aktiv und tanzen mehr.

Insgesamt sind die Unterschiede jedoch gering, und das erstaunt. Denn dies hat zur Folge, dass Kinder aus sogenannten bildungsfernen Familien musikalisch genauso aktiv sind wie Kinder aus sogenannten bildungsnahen Familien. Nur eben auf unterschiedliche Art und Weise. Bringt man beide Stärken zusammen, nämlich sowohl das Reproduzieren vorgefertigten Materials wie das Erfinden von Musik und die aktive Mediennutzung, scheint allen gedient zu sein.

## Die Form dient dem Inhalt – Werbejingles

Um das Musikhören von Kindern zu verstehen, muss man sich vergegenwärtigen, dass die Form immer einem Inhalt dient. Ob ein Ton lang oder kurz, laut oder leise ist, ein Cello oder eine Geige, eine Frauen- oder eine Männerstimme erklingt, ist allerhöchstens von Interesse, wenn diese Information integriert ist in die Geschichte oder die Lebensart, die die Musik transportiert. Dass die Töne rauf und runter gehen, ist an sich völlig unwichtig. Aber welche Spannung sie im Hörer erzeugen, welche Bilder entstehen, wozu diese Musik anregt, ist von größtem Interesse. Töne sind Mittel zum Zweck, und diesen Zweck verstehen Kinder sehr gut.

Das freut besonders das Werbefernsehen, das man auch als „die Musikschule der Nation" bezeichnen kann.[40] Ca. 70 % der Bilder und Musik werden von Kindern behalten. Dritt- und Viertklässler erkannten nach einer Untersuchung besonders gut Werbemusik wieder, die auf markanten Musikstücken beruhte.

> *Kinder zeigen hohe Wiedererkennungsleistungen von Texten und Musiktiteln in Werbespots, vor allem bei Produkten für Kinder. Umgekehrt können sie Musik Bildern zuordnen, z.B. Vivaldis „Concerto A-Dur" Königshäusern und Stockhausens „Kontakte" Raumschiffen, Krieg etc.*[41]

Ein Beispiel aus heutiger Zeit: In den Werbespots der Firma OBI wird das wundervolle „We will rock you" der Gruppe Queen ohne Rücksicht auf musikalische Verluste, aber in Hinblick auf einen hundertprozentigen Wiedererkennungswert hin verwendet.

## Hörsensibilität

> *Sehen und Hören gehen bei der kindlichen Filmrezeption ein unauflösliches Gemenge ein. Dabei kommt dem Gehörsinn eine herausragende Rolle zu. Geräusche und Musik werden von Kindern weniger distanziert wahrgenommen als optische Reize.*[42]

Während das Hören direkt die Gefühlswelt anspricht, überwiegen beim Sehen eher rationale Aspekte. Kinder halten sich zuerst die Ohren zu, wenn es spannend wird, und dann die Augen. Starten Sie selbst einen Eigenversuch: Schalten Sie den Ton aus und schauen Sie sich nur die Bilder an. So werden auch Horrorgestalten aus Filmen wie Harry Potter zu harmlosen Pappfiguren, denn das Bedrohliche dringt vor allem durch Geräusche und Musik in uns ein. Dies gilt umso mehr für Kinder:

> *Was für Erwachsene bei einer Fernsehsendung ein Problem sein kann, muss für Kinder keines sein, weil sie es übersehen. Und was für Kinder eine gefühlsmäßige Bedrohung ist, muss für Erwachsene keine sein, weil sie diese überhören.*[43]

## Popmusik bevorzugt – der eigene Geschmack

Im Alter von ca. acht Jahren fangen Kinder an, sich um ihren eigenen Geschmack zu kümmern. Kinder reden auch mit ihren Eltern über Musik; meist geht es dabei um konkrete zurückliegende Musikerfahrungen, etwa um Konzertbesuche der Eltern. Wohlgemerkt: Die Kinder grenzen sich nicht von ihren Eltern ab, wie es Jugendliche tun, sondern sie setzen sich bewusst mit sich selbst auseinander, entscheiden, was sie gut finden und warum und entwickeln so ein Bewusstsein über sich selbst. Der musikalische Fundus, aus dem sie dabei schöpfen, entwickelte sich bereits vorher: Das, was die Mutter, der Vater und/oder die älteren Geschwister hören, hört auch das Kind. Doch im Unterschied zum passiven Mithören fängt es nun an, aktiv Position zu beziehen und zu entscheiden, was es selbst an der ihm angebotenen Musik gut findet und was weniger interessiert. Zudem streckt es seine Fühler nach der Musik aus, die im Prinzip vertraut klingt, aber dem Kind doch Auswahl für eigene Präferenzen lässt. In diesem Alter beginnt bei den meisten Kindern die Hinwendung zur Pop- und Rockmusik, weil diese Musik in den meisten Familien gehört wird. Konflikte gibt es mit den Eltern höchstens, wenn es um das Musikhören während der Hausaufgaben oder beim Einschlafen geht.

Die Offenheit für neue Hörerfahrungen führt zu einem verstärkten Interesse an aktuellen Musikrichtungen, Künstlerpersönlichkeiten und Medienereignissen. Die Auseinandersetzung mit älteren Geschwistern findet nun ganz bewusst und sehr stark über Musik statt.

Das bestätigt auch eine Untersuchung mit 591 Kindern über musikalische Präferenzen im Grundschulalter. Von allen angebotenen Musikstilen war bei den Kindern Popmusik am beliebtesten. Klassische Musik, zeitgenössische Kunstmusik und ethnische Musik wurden umso besser bewertet, je jünger die Kinder waren. „Mit zunehmendem Alter verschlechterten sich diese Urteile auf dramatische Weise bis hin zu extrem negativen Bewertungen."[44] Die Drittklässler allerdings zeichneten sich dadurch aus, dass sie neben Pop- und Rockmusik auch gut mit klassischer Musik umgehen konnten.[45]

Das nebenstehende Bild zeigt deutlich, was mit Popmusik verbunden wird. Man sieht drei

Hoang Vu, 10 Jahre

große Verstärker oder Lautsprecherboxen. Zwei Gitarren hängen an dem einen, das Schlagzeug am zweiten, der dritte ist nicht mit einem Kabel versehen. Die drei Musiker grinsen und machen gerade Livemusik, was an den Noten und der Spielweise zu erkennen ist. Sie stehen auf einer Bühne mit rotem Vorhang und einer Discokugel, die Licht aussendet (= blaue Rechtecke). Das Publikum ist nicht zahlreich vertreten, doch das liegt sicher an der Mühe, die man verwenden muss, um sehr viele Personen zu zeichnen. Jeder der vier Publikumsteilnehmer zeigt etwas Wichtiges: Der eine klatscht, der andere geht mit offenen Armen zur Musik mit, der dritte zeigt den begehrten Star Timm, und der vierte bejubelt mit einem Schild die Stilart Rock. Sowohl das Publikum als auch die Musik und die Bühnenbestandteile leben also von Aktivität.

Im Bild auf der Folgeseite sehen wir ebenfalls vier sehr fröhliche Menschen. Nur zwei spielen Popmusik auf den für die Stilart typischen und außerordentlich beliebten Instrumenten Schlagzeug und E-Gitarre. Doch es gibt auch einen Breakdancer oder Akrobaten und einen Flötenspieler, der ja eher leise Töne spielt. Diese Offenheit findet sich auf vielen Kinderbildern: Am schönsten ist es, wenn alle Instrumente und Aktivitäten zusammenkommen, wobei die Ästhetik des Lichts und der Bühne integraler Bestandteil sind.

## Acht Hörweisen – welche passt zu Ihnen?

Im Jahre 1986 wurden 1200 Schüler/-innen verschiedener Schularten aus den Klassen 5 bis 13 befragt. Es ging um eine Untersuchung zur Psychologie jugendlichen Musikgeschmacks[46]. Herausgekommen sind acht Hörweisen, die sich auch bei Erwachsenen unterscheiden lassen. Überlegen Sie beim Lesen, wie Sie selbst Musik hören:

- Möchten Sie sich beim Hören von Musik am liebsten immer bewegen? Summen und singen Sie dabei? Dann hören Sie motorisch. Diese Art von Hören war in der Untersuchung die verbreitetste.
- Nutzen Sie Musik, um eine unangenehme Stimmung aus Ihrem Kopf zu vertreiben und sich auf andere Gedanken zu bringen? In diesem Fall hören Sie kompensatorisch – das ist die Art von Hören, die am zweithäufigsten genannt wurde.
- An dritter Stelle stand das Bedürfnis, dass die Musik, die man hört, „unter die Haut" geht. Hier kann es sein, dass man bestimmte körperliche Wirkungen spürt, etwa Veränderung des Herzschlages, Kribbeln auf der Haut oder im Magen. Es handelt sich hierbei um das vegetative Musikhören.
- Das diffuse Hören beschreibt das Musikhören im Hintergrund. Ob bei den Schularbeiten oder im Kaufhaus: Die Musik wirkt nicht störend, man hört gern nur mit einem Ohr hin und macht dabei etwas ganz anderes. Kennen Sie diese Art des Musikhörens aus Ihrem eigenen Leben? Es stand in der Untersuchung an vierter Stelle.
- Vielleicht ist Ihnen das emotionale Hören vertraut, das am nächsthäufigsten vorkam. Der Hörer hört vor allem mit dem Gefühl. Er findet seine Stimmungen und sein Gefühl in der Musik wieder. Er gibt sich der Musik ganz hin.
- Gefolgt wurde diese Art, Musik zu hören, von dem sentimentalen Hören. Hier werden bei bestimmten Musikstücken Erinnerungen mobilisiert und Träume geweckt. Die erste große Liebe, Jugenderlebnisse oder der Verlust eines Menschen sind häufig mit einzelnen Musikstucken verbunden, die diese Lebensphase und das dazugehörige Gefühl repräsentieren. Es kann sein, dass man am liebsten weinen möchte.
- Das assoziative Hören kam mit am seltensten vor. Kinder verstehen sich allerdings sehr gut darauf. Bei dieser Art von Hören kann es sein, dass eine ganze Geschichte zur Musik erfunden wird, als ob ein Film im Hörer abläuft.
- Nur wenige Hörer praktizierten das distanzierende Hören. Hierbei wird das Stück beim Hören analysiert, in seine Formteile zergliedert und seinen Stilelementen zugeordnet. Die Töne können als Noten im Kopf aufgeschrieben werden, und die Harmonien werden bewusst wahrgenommen.

Turki, 10 Jahre

**Was Erwachsene wissen sollten … über das Musikören von Kindern**

Wenn man davon ausgeht, dass Musik eine eigenständige Sprache ist, nämlich eine Klangsprache, dann gehören Kinder zu denjenigen, die diese Sprache auch ohne einen Sprachkursus absolviert zu haben verstehen. Wie bei der Muttersprache entwickeln sich die Kenntnisse beim Hören von Musik. Doch während der Muttersprache vom Kind aus keine besondere Bedeutung beigemessen wird, verbindet sich das bewusste Musikhören mit einem besonderen Wohlgefühl. Deswegen hören sehr viele Kinder Musik, ohne dabei etwas anderes zu tun. Sie nutzen aktiv die Musik zur Befriedigung ihrer Bedürfnisse.

Ob es dabei einfach um – innere wie äußere – Bewegung geht oder um die Vertreibung einer traurigen Stimmung, ob um Ablenkung oder Entspannung: Wichtig ist zu realisieren, dass Kinder vollwertige, kompetente Nutzer von Musik sind und dass diese Kompetenz nicht nur darin besteht, Musik analysieren, sondern auch, sie erleben zu können. Sich selbstständig darum zu kümmern, dass man die gewünschte Musik zur Verfügung hat, und diese dann für sich zu nutzen, ist ein Ausdruck von Musikalität.

Die abgedruckten Bilder zeigen anschaulich, dass sich das praktische Musizieren darüber hinaus in natürlicher Nähe zur Mediennutzung befindet: So kommt auf dem Bild unten die Musik aus der Konserve, das Mädchen hört sie und singt dazu. Flöte und Klavier stehen zur Nutzung bereit, denn Hören und Musizieren liegen sehr nah beieinander.

Antonia, 8 Jahre, und Halbbruder Riko, 13 Jahre

KAPITEL 4

# Soziale Anregungen über Musik

## Musik im Selbstfindungsprozess

Bis ein Kind erwachsen ist, orientiert es sich an Älteren. Diese Orientierung bleibt, auch wenn das Kind ab ca. acht Jahren beginnt, sich mit seiner Umgebung auseinanderzusetzen und Vorgaben nicht mehr „kritiklos" zu übernehmen. Vielmehr handelt es sich um eine permanente Auseinandersetzung, die allmählich dazu führt, dass Heranwachsende ihren Platz in der Gesellschaft finden. Das Selbstkonzept existiert unformuliert bereits sehr früh, es jedoch im Zusammenhang mit anderen Menschen zu leben, erfordert diesen Reibungs- und Findungsprozess. Immer wieder geht es um die Frage, wie ich das, was mich ausmacht, in dieser Welt leben kann. Wer ich bin, ist für mich allein genommen relativ eindeutig, aber herauszufinden, wie ich im Zusammenleben mit anderen klarkomme, benötigt Zeit und Erfahrung.

Die Musik und alles, was mit ihr im Zusammenhang steht, spielt in diesem Findungsprozess eine wichtige Rolle. Musik wird heute mehrheitlich über Medien genutzt, wobei die Eigenständigkeit der Kinder hier immer mehr zunimmt. Ob Handy oder Internet, Fernsehen oder Musikanlage, DVD- oder MP3-Player – die Verfügung über die Technik wird nur durch Erziehungsmaßnahmen eingegrenzt, nicht durch die objektiven Möglichkeiten. Hat man im Fernsehen eine Castingshow gesehen, kann man gleich selbst eine spielen – z. B. über eine Spielkonsole oder das „Singstar-Prinzip": Hier kann man sich aus einem Fundus an Liedern aussuchen, was man singen möchte. Die Texte laufen am Bildschirm, während man das Lied singt, und man kann sich dabei filmen lassen, sodass man auf diesem Wege gleich „im Fernsehen" ist!

## Kinder nutzen Medien – z. B. das Fernsehen

Genauso wie jede andere Kinderkultur – etwa die oben beschriebenen Klatschspiele, Lieder und Bewegungsspiele – dient die Mediennutzung von Kindern vor allem einer Welt außerhalb pädagogischer Räume. Als Erwachsener kann man sich dafür interessieren, man kann diese Kultur der Kinder jedoch nicht oder nur schwer manipulieren.

Als Experte für Mediennutzung durch Kinder betont der Autor Heinz Hengst, dass Kinderkultur generell eine orale – also mündlich überlieferte – Kultur ist. Dabei unterscheidet er die primäre von der sekundären Oralität: Primäre Oralität bezieht sich auf die direkte Aktion unter Kindern, sekundäre Oralität wird durch Medien vermittelt. Das Besondere an bewegten, bunten Bildern und gesprochener oder gesungener Sprache (vermittelt durch das Fernsehen, DVDs oder das Internet, z. B. in Form von Videoclips) ist, dass sie etwas „von der Natur und der Wirkung der direkten Interaktion" haben und „im Vergleich zu geschriebenen und gedruckten Texten einen Realismusgewinn" bedeuten.[47]

Wenn ich lese, was Menschen tun und denken, ist es etwas ganz anderes, als wenn ich sie agieren sehe und höre. Hier ist die Inbesitznahme fast wie im richtigen Leben. „Am Fernseher ist nicht unbedingt revolutionär, dass es den Kindern die ‚Denk- und Handlungsmuster der Erwachsenen' vermittelt, sondern dass es schon kleinen Kindern ermöglicht, bei Interaktionen zwischen Erwachsenen ‚anwesend' zu sein"[48] und so für soziale Orientierungen zu sorgen. Diese Erkenntnis bestätigen Kinder in Interviews. So meint die sechsjährige Sabine:

> *Wenn die sich streiten und anschreien im Fernsehen, das mag ich nicht. Das macht mir Angst. Dann sag ich immer zu Mama, mach das aus. Aber die lacht dann nur und sagt, das ist doch nur 'n Film. Aber die streiten sich doch in echt.*

In der Gesprächsrunde eines Expertenteams, das sich aus sechs- bis siebenjährigen Kindern zusammensetzt, sagt Nico:

> *Ich bin traurig, wenn die sich im Fernsehen streiten. So in den Serien mit Familien. So die Lindenstraße. Das ist irgendwie so wirklich. Und meine Eltern streiten sich ja auch oft. Also, das ist keine gute Sendung, die Lindenstraße, die macht traurig.*[49]

Es ist daher plausibel, dass die strukturelle Gewalt in Familienserien (z. B. Mann gegen Frau, Erwachsene gegen Kinder) von Heranwachsenden als verunsichernder und brutaler erlebt wird als manch überzogen aufgesetzte Gewalt in Zeichentrickfilmen und Western.[50] Insbesondere in Ersteren lässt sich die Realität ganz klar von der unterhaltsamen Animationswelt trennen, denn die Zeichentrickfiguren und -geschichten schildern unrealistische Abenteuer und Vergnügungen. Soap-Operas dagegen bemühen sich um realistische Darstellungen und spiegeln, was das Kind eigentlich verdrängen möchte – hier befindet sich das Kind mithilfe des oben beschriebenen Flow-Effekts mittendrin!

## Das Gehirn spielt mit – die Spiegelneuronen

Anfang der 90er-Jahre fragten sich Hirnforscher, warum bestimmtes Verhalten „ansteckend" wirken kann.[51] Lachen, Gähnen oder auch die Körperhaltung des Gesprächspartners können dazu führen, dass sie sofort von anderen mitgemacht werden. Das Gleiche hatte man bei einigen Affen festgestellt.

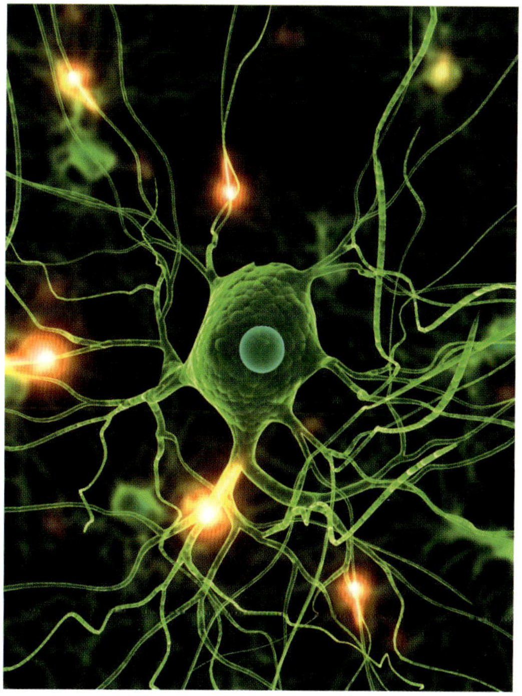

Aktive Neuronen im Gehirn

Die Hirnforscher starteten einen Versuch, der so aussah: Zuerst wurden Elektroden am Gehirn eines Schweinsaffen angebracht. Dann legten sie eine Nuss vor ihm auf den Boden. Während der Affe mit seiner Hand eilig nach der Nuss griff, stellten sie fest, dass ein bestimmtes Handlungsneuron dabei feuerte. Das war nichts Besonderes.

Doch dann setzten sie den gleichen Affen hinter eine Scheibe, sodass er nicht nach der Nuss greifen konnte. Stattdessen musste er zuschauen, wie ein Mitarbeiter sich die Nuss griff. Und was passierte im Gehirn des Affen? Während er zuschaute, wie jemand anderer seine Nuss griff, feuerte dasselbe Handlungsneuron wie in der Situation, als er selbst nach der Nuss gegriffen hatte: Ohne sich zu bewegen, vollzog er die gleiche geistige Handlung. Es war also völlig egal, ob der Affe bestimmte Bewegungen eigenständig ausführte oder sie nur geistig nachvollzog – die Nervenzellen arbeiteten beide Male genau gleich.

Die Erkenntnis, dass das Gehirn bestimmte Bewegungen simuliert, die in Wirklichkeit gar nicht stattfinden, war neu. Rizzolatti, der Leiter des Forschungsteams, nannte die Nervenzellen, die beim passiven Nachvollziehen die gleichen Reaktionen im Gehirn auslösen wie beim tatsächlichen Handeln, Spiegelneuronen.[52]

Wenn es stimmt, dass wir in „sekundärer Oralität" das Geschehen auf dem Bildschirm (oder auch auf der Leinwand des Kinos) nicht nur anschauen, sondern tatsächlich miterleben, könnte sich hier die biologische Begründung dafür finden. Für das Hören gilt nichts anderes.

*Hirnforscher der Universität Groningen in den Niederlanden entdeckten unlängst einen spannenden Zusammenhang zwischen dem Hören von Geräuschen und dem Funken von Spiegelneuronen. Menschen, die eine Getränkedose zischen hören, reagieren im Gehirn genauso, als ob sie eine Dose öffnen würden. Schon ein Geräusch allein reicht aus, um die ganze Situation zu erleben. Diejenigen Testpersonen, deren Gehirn sich dabei besonders aktiv zeigte, waren zugleich dieselben, die meinten, dass sie sich besonders gut in andere Menschen hineinversetzen können.*[53]

Insofern betrachtet die Forschung angesichts der Eigenschaften von Spiegelneuronen das Sozialverhalten gänzlich neu, denn je mehr Spiegelneuronen man zu haben scheint, desto besser kann man sich offenbar in andere Menschen oder Geräusche, Musik oder Fernsehhandlungen hineinversetzen.

Die Forschung über die Spiegelneuronen steckt in den Kinderschuhen, doch vielleicht wird sich irgendwann mit ihnen erklären lassen, warum Musik in der Lage ist, Gefühle zu speichern, die man dann als Erinnerung abrufen kann.

Nehmen wir an, es läuft ein Musikstück, das jemand zu einer Zeit gehört hat, als ein bestimmtes Ereignis heftige Gefühle auslöste. Wann immer dieses Musikstück wieder gehört wird, können genau die gleichen Gefühle und Bilder entstehen. So kann es sein, dass sich jemand in ausgelassener Stimmung befindet und emotional dennoch kurzzeitig in tiefe Schmerzzustände verfällt, wenn unerwartet eine Musik ertönt, die zum Zeitpunkt eines schlimmen Erlebnisses auch erklungen war. Das Gefühl ist präsent, obwohl es keinerlei akuten Anlass dafür gibt.

Kann eine Musik die Spiegelneuronen also derart aktivieren, dass die mit einem Erlebnis verbundene Gefühlsintensität beim Hören der gleichen Musik „abgerufen" wird? Hat Musik somit die Funktion eines Speichermediums für Seelenzustände und Gefühle?

Die Spiegelneuronen arbeiten nicht bei jedem Menschen gleichermaßen aktiv:

> *Gleich mehrere Forscher in den USA untersuchten Kinder, die nur eingeschränkt auf Ansprache durch die Mitmenschen reagieren. Sie stellten fest, dass Kinder mit autistischen Störungen ganz offensichtlich ein Problem mit ihren Spiegelneuronen haben. Sie werden nur schwach oder gar nicht aktiviert.*[54]

Auch bei den oben genannten Testpersonen gab es unterschiedliche Reaktionsgrade.

Das Gleiche trifft auf die Intensität beim Musikhören zu: Bei vielen Kindern löst das Hören von Musik nichts Besonderes aus, bei anderen jedoch sehr starke Gefühle. Im Fernsehen, im Kino, am Computer oder über den DVD-Player sehen die Kinder Filme, die ihnen eine Möglichkeit geben, quasi selbst beteiligt zu sein. Hier scheint die gleiche Aktivierung der Spiegelneuronen stattzufinden wie in den erwähnten Experimenten. Das ist verständlich, denn es werden gegenständliche Geschichten gezeigt, in die sich das Kind hineinversetzen kann, als spielte es selbst mit. Besonders beeindruckend ist allerdings die Vorstellung, dass die gleiche Spiegelneuronenaktivierung stattfindet, wenn nur Klänge zu hören sind – ohne Bilder!

## Wie Kinder Musik für ihr Selbstkonzept nutzen

In verschiedenen Grundschulklassen sollten Kinder überlegen und zeichnen, ob sie den Klang einer Musik mit einem bestimmten Menschenschlag verbinden können, der diese Musik machen und hören könnte und was sie mit diesem Typus verbinden würden. Die Ergebnisse waren eindeutig:

- Popmusik führte zu einem sanften, zarten, meist weiblich-hübschen Typ, der sich in schönen Zeichnungen niederschlug und für viele Mädchen als Vorbild galt.
- Heavy Metal führte zu verrohten Menschen, die abgelehnt und auch nur als Kritzeleien gezeichnet wurden.
- R&B, also die Mischung aus Soul, Hip-Hop und Pop, führte zu meist schwarzfarbigen Protagonisten, die als männlich-cool und – vor allem von Jungen – als vorbildhaft bezeichnet und gemalt wurden.

Zweit-, Dritt- und Viertklässler malten auf, wie sie gerne aussehen würden, wenn sie ein Popstar wären.

Mädchen, 4. Klasse, gewünschter Typ: cool, Vorbild: Hannah Montana

Mädchen, 3. Klasse, Vorbild: LaFee, „weil sie schön aussieht und singen kann".

Junge, 4. Klasse, Vorbild: Bastian Schweinsteiger, „weil er immer so coole Frisuren macht".

Fußballer gehören genauso in die Popkultur wie Sänger/-innen und Rapper. Ob Frisuren, ein Talent zum Singen oder die dunkle Hautfarbe – die Möglichkeiten, die Kinder sich herauspicken, wenn es um Vorbildfunktionen geht, kennen keine Grenzen. Ein Drittklässler schrieb, als es um sein Vorbild ging: ich selbst. Auch gut!

## Musikalische Vorlieben

Werden Kinder zu ihren musikalischen Vorlieben befragt, so erzählen sie immer wieder, dass es Ältere oder Gleichaltrige gegeben hat, die sie auf eine bestimmte Musik aufmerksam gemacht haben:

> *Hab das so oft gehört von meiner Schwester, die hat das immer von ihrem Handy abgespielt. (Es geht um das Stück „Hamma" der Gruppe Culcha Candela.)*
> *Auf die Band bin ich gekommen, als meine Schwester sich Playstation Singstar gekauft hat, und das ist da drauf, und dann hab ich mir die Spezialedition gekauft von der CD, dann hab ich das Lied entdeckt. (Es geht um ein Lied der Gruppe Revolverheld.)*[55]

Auf die Frage, wie die Kinder auf Rock- und Popmusik gekommen sind, antwortet ein Junge:

> *Also mein Vater hört Rock, AC/DC, also härter – mein Opa hört Klassik, mein Vater harten Rock und ich Rock.*[56]

Zu seinem Lieblingslied „Highway to hell" von AC/DC sagt das gleiche Kind:

> *Ich find die Musik echt gut, die CD gehört eigentlich meinem Papa, die hat er mir geschenkt, hab die erstmal durchgehört, und da ist mir das auch aufgefallen. Die hat er mir geschenkt, weil die mal im Auto lief und ich die gut fand.* [57]

Den Weg vom Hören über das Bewerten zum Besitzen zeichnet die folgende Unterhaltung, bei der es um das Lied „Ey, Dj" von Culcha Candela geht:

> *Sven: Das haben wir zuerst bei ihr gehört (Freundin) und auch selber gehört und bei Freunden, ich habe das sonst immer bei ihr auf dem Walkman, äh MP3-Player, gehört, dann hat sie mir das immer rübergereicht, und dann habe ich mal zum Spaß, das weißt du gar nicht, das Lied doppelt gespeichert, damit ich das zweimal hören kann.*
> *Matthias: Vom Text her ist es einfach zu sprechen, weil es deutsch ist, manchmal reden die auch ein bisschen schnell.*
> *Sven: Zum Beispiel, wenn ich im Auto sitze, meine Mama kein Radio anhat, weil sie das ablenkt, singe ich immer vor mir her: Ey DJ … Für mich ist das ein richtiger Ohrwurm, und wir waren gestern noch einkaufen, und da habe ich die CD gesehen, dass das da drauf ist, und mir die gestern gekauft.* [58]

Der Dialog zeigt, wie Musik vom gemeinschaftlichen Vergnügen zum Besitz wird – in zweifacher Hinsicht: sowohl als Kulturgut (Sven hat das Lied selber gesungen) als auch als handfestes Produkt in Form einer CD.

Auf die Frage, ob sie auch schon mal etwas anderes außer Pop und Rock gehört hätten, antworten zwei Kinder:

> *Ja, meine Mutter hört immer so 'ne klassische Musik.*
> *Also bei meinem Opa, der hört klassisch und so.*
> *Meine Eltern haben manchmal auch komische CDs, die ich nicht einordnen kann, von so einer bestimmten Art, aber ich weiß nicht, wie die heißen.* [59]

Kinder mögen also nicht alles, was ihre Eltern ihnen nach dem eigenen Geschmack anbieten. Allerdings grenzen sie sich auch nicht radikal

Junge (weißhäutig) 2. Klasse: Er wäre gern ein Rapper, „weil das cool ist".

ab. Es könnte sein, dass sie später, wenn sie die Akzeptanz Gleichaltriger nicht mehr benötigen, sich wieder der vertrauten Musik ihrer früheren Kindheit zuwenden. Doch in der Lebensphase zwischen acht und 16 Jahren spielt die Übereinkunft mit dem Freundeskreis eine besonders große Rolle. Musik ist hier ein Bindeglied für die Kommunikation und die gemeinsamen Aktivitäten.

## Lieblingsstücke

Die familiäre Orientierung in Bezug auf den eigenen Musikgeschmack spielt eine umso stärkere Rolle, je jünger die Kinder sind. So zeigte sich bei einer Unterrichtseinheit zum Thema „Lieblingsstücke", durchgeführt in einer zweiten Klasse, dass alle Beispiele in unterschiedlicher Weise mit dem Elternhaus verbunden waren. Jedes Kind durfte ein Lieblingsmusikstück mitbringen. Bevor das jeweilige Stück gemeinsam angehört wurde, beantwortete das dafür verantwortliche Kind zwei Fragen:

1. Woher kennst du das Lied?
2. Was tust du normalerweise, während du das Lied hörst?

Ziel der Beantwortung von Frage 1 war, dass sich das Kind der Menschen und/oder Medien bewusst wird, die seinen Musikgeschmack beeinflussen. Das Kind selbst ist ja nur Mithörer bzw. Beschenkter, denn Kinder einer zweiten Klasse kaufen nicht selbstständig Tonträger oder brennen sich Stücke aus dem Internet. Sie partizipieren vielmehr an ihrer medialen und familiären Umwelt. Innerhalb dieser Umgebung entwickeln sie jedoch eigene Bedürfnisse und Motive, die ihre Vorlieben für bestimmte Musikstücke unterstützen.

Frage 2 zielte auf die Tatsache, dass ein Musikstück durch das eigene Handeln seine Bedeutung gewinnt. Ein Musikstück an sich ist eine bedeutungslose Klangfolge. Bedeutung bekommt es, wenn man selbst und/oder jemand, der im sozialen Bezug wichtig ist, sich dazu verhält. Hier geht es also um das Schärfen der Selbstwahrnehmung und der Wahrnehmung der engsten Umgebung.

**Beispiele für Lieblingsmusikstücke**

Dimitri z.B. durfte seine russische Lieblingsmusik nicht mitbringen, weil „das nur Musik für Große" sei. Dennis jedoch brachte russischen Techno-Pop mit, den seine Mutter und er am liebsten hörten. Auch Philipp mochte das Lieblingslied seiner Mutter besonders gern und führte es vor (ein Schmusetitel von Ben). Agim brachte als seine Lieblingsmusik Rock aus Albanien mit. Der Vater war mit ihm auf einem Konzert einer albanischen Gruppe gewesen. Wenn er das Stück hörte, tanzte er dazu Breakdance, den er von seinem älteren Bruder gelernt hatte. Er sagte jedoch auch, dass er die Musik manchmal in der Nacht hören würde, wenn er nicht schlafen könne und ihm langweilig sei. Adelina, auch aus Albanien stammend, brachte eine Kassette mit, auf deren A-Seite ihre Eltern arabische und auf deren B-Seite sie albanische Musik überspielt hatten. Der Vater war in eine arabische Schule gegangen und hörte deshalb viel arabische Musik. Das Mädchen liebte diese Musik (und damit nur die eine Kassettenseite) und räumte beim Hören gerne ihr Zimmer auf. Die deutsche Tina brachte das Lied „Wünsch dir was" (von den Lollipops) mit und erzählte, dass sie als Einzelkind oft allein sei und dann dieses Lied am liebsten mit ihrem Hund in ihrem Zimmer hörte. Sie sang es vor der ganzen Klasse komplett und laut zum Original, was sehr bewundert wurde. Die deutsche Christine brachte als ihr Lieblingslied „What shall we do with the drunken sailor" aus einem Frühenglischbuch mit. Beide Mädchen hatten die Tonträger von ihren Eltern geschenkt bekommen. Auch Sebastians Lieblingslied war auf Englisch und hieß „Stand up". Samiras Vater kaufte indische Musik, bevorzugt die zu den Bollywood-Filmen (z.B. aus dem Film „Ich bin immer für dich da"). Sie erzählte, dass sie mit vier Jahren anfing zu tanzen, und sie tanzte nun für die Klasse arabische Tanzschritte, die sie inzwischen von ihren Verwandten gelernt hatte.

Die indische Musik war bei vielen Kindern bekannt und sehr beliebt. Ein Star, der nicht nur den „ausländischen", sondern auch etlichen deutschen Kindern bekannt war, heißt Mustafa Sandal und ist ein türkischer Popsänger. Sein Stück „Isyankar" hat er in einer von vielen Versionen mit dem deutschstämmigen

Rap-Reggaekünstler Gentleman aufgenommen. Bekannt ist er auch durch das türkische Fernsehen, dessen Kanäle viele Familien aus verschiedenen Herkunftsländern regelmäßig anschalten. Und Janice, deren Mutter von den Philippinen stammt, brachte zur Begeisterung der gesamten Klasse die DJ-Version (und nur die mochte sie) von „Das Lama aus Yokohama" mit.

Die Kinder konnten recht klar herleiten, woher die Musik, die sie mögen, kommt. Auch die positive Bedeutung formulierten sie fast immer in Bezug auf ein positives Vorbild innerhalb der Familie. Ihr Handeln zur Musik war individuell unterschiedlich ausgeprägt, und die Kinder konnten das auch beschreiben.

**Überprüfen Sie selbst:**

- An welche Stars und Sternchen können sie sich aus Ihrer Kindheit erinnern?
- Welche Rolle spielten Ihre Eltern oder elterliche Bezugspersonen, welche Ihre Geschwister für Ihren frühen Musikgeschmack?
- Welchem Vorbild eiferten Sie nach, als es darum ging, sich zu stylen?
- Hatten Sie Visionen eines eigenen Bühnenauftritts und wenn ja: Wie sahen die aus?
- Welches Gefühl vermittelte sich Ihnen, wenn Sie beliebte Künstler auf einer Bühne im Fernsehen oder live sahen?
- Was hätten Sie im Alter der dritten und vierten Klasse als ihr Vorbild gezeichnet?
- Hat es Ihnen im Nachhinein gesehen geschadet, dass Sie in jungen Jahren ein Vorbild aus der Medienwclt hatten?

## Musik und Lebensart

Im Folgenden findet sich die Niederschrift eines Gesprächs unter Fünftklässlern über das Lieblingsstück von einem der Mädchen, den Song „Rehab" von Amy Winehouse.

*Jan: Die ist schlecht, die nimmt Drogen und Alkohol.*
*Julia: Nimmt sie nicht mehr – doch, die ist auf Drogen – ist sie nicht mehr, sie hat einen Entzug gemacht – also wirklich. Darauf fahr ich ab.*
*Jan hält sich die Ohren zu: Find ich voll schrecklich – bäh.*
*Julia sagt, ihr komme es auf die Musik an und nicht auf ihr Drogenproblem. Das findet Christian überhaupt nicht. Er sagt, dass er sie nicht leiden kann, weil sie Drogen nimmt und so viele Schlagzeilen macht. Daraufhin sagt Julia, dass sie seine Musik auch nicht toll findet, doch Christian meint, dass seine Gruppe und die seines Freundes ja auch keine nehmen.*
*Julia: Ich find die gut, weil die irgendwas in der Stimme hat, und das gibt's nicht mehr, sie hat ziemlich viel Soul drin. … Die hör ich immer nachmittags, wenn keiner da ist, wenn ich allein bin, meine Schwester nicht da ist. … Find ich irgendwie spannend, als ob die so erzählen würde und dazu noch solche Musik kommt, find ich sehr gut.*
*Max: Culcha Candela ist eher lustiger.* [60]

Amy Winehouse gilt als größte Soulsängerin seit Aretha Franklin. Ihr erster großer Hit ist „Rehab" Leider liebt sie den Skandal.

Jan und Christian ist die Haltung wichtig, die durch das Image der Künstlerin transportiert wird. Sie betonen die Vorbildfunktion von Künstlern.

Julia kann die Musik (Soul), die Stimme (ungewöhnlich; viel Soul drin) und die Wirkung (als ob sie erzählen würde) sehr genau beschreiben, sogar mit Fachausdrücken („Soul"). Sie äußert sich auch eindeutig zur bevorzugten Hörweise ihres Lieblingsstückes innerhalb der Familie: wenn sie allein ist.

Max kann die bevorzugte Musik der Jungen in Klang und Funktion abgrenzen: Culcha Candela ist eher lustiger.

Dieses Gespräch zeigt, dass Kinder über ihren Musikgeschmack sehr viel mehr abarbeiten als nur das musikalische Vergnügen. Während Julia dafür eintritt, Musik und Interpretin (einschließlich ihres Lebensstils) zu trennen, betonen die Jungen die soziale Funktion, die Künstler in der Öffentlichkeit ausüben.

Auch Grundschulkinder sind in der Lage, sich über Musik und ihren Kontext zu unterhalten. Man muss sie nur einmal fragen. Die Nähe zu gesellschaftspolitischen Themen ist noch nicht in der Schärfe entwickelt, doch was Musik für ihr Selbstbild bedeutet, können auch sie formulieren.

## Mozart oder Bushido – Musikpräferenzen

Sprechen Kinder über ihre Musikpräferenzen, so wundert man sich häufig, wie wenig die Wahl der Stücke zu ihrem Alter zu passen scheint.

Bevor man jedoch zu einer negativen oder positiven Bewertung kommt, sollte man sich klarmachen, welche Funktion die Musikpräferenz für das eigene Selbstbild hat.

**Ein Beispiel:**
In einer zweiten Klasse (die Kinder sind ca. sieben Jahre alt) wird eine Hitliste von privat gehörter Musik erstellt. Das Ergebnis weist Bushido[61] als den am häufigsten genannten Künstler aus. Weit abgeschlagen liegt Mozart, der jedoch zumindest vorkommt.

Ob Mozart oder Bushido, interessant sind hierbei nicht der Musiker bzw. Komponist und deren Musik im Einzelnen oder der Wortlaut der Texte. Aussagekräftig ist das Image, das sich mit der spezifischen Energie der Musik verbindet. Während Mozart als anständig, bildungsnah und anspruchsvoll gilt, löst Bushido die Assoziationen kraftvoll, negativ und bildungsfern aus. Der eine kommt aus einer längst untergegangenen „heilen Welt" der Fürsten- und Königshäuser, der andere von der Straße, der harten Welt der „krassen Gangsta-Rapper".

„Zeiten ändern dich": Rapper Bushido, einst Inbegriff von „Bildungsferne" und Provokation, bei der Weltpremiere des Films über sein Leben (Feb. 2010)

**Was Erwachsene wissen sollten … über Vorbilder und Idole**

Wenn wir als Erwachsene mit Kindern und ihrer Musik umgehen, dann sollten wir wissen, dass viele Kinder mehr oder weniger aktiv davon träumen, einmal selbst auf einer Bühne zu stehen. Oft kommen solche Träume zur Geltung, wenn ein Auftritt mit Musik – und sei es auch nur als „Karaoke" – geplant ist. Sofort fühlen sich die Kinder wie „im Fernsehen", denn sie werden betrachtet und ihnen wird begeistert zugehört. Die Akteure werden wichtig genommen, und bei einer guten Leistung bekommen sie sogar Applaus. Auch für ganz kurze Minutenauftritte machen sich viele Kinder hübsch und sind aufgeregt, als müssten sie einen ganzen Abend als Musiker bestreiten. Diese Energie ruft individuelle Höchstleistungen hervor. Für den Musikunterricht bedeutet es, dass keine besseren Leistungsüberprüfungen möglich sind, denn nie ist das positive Verhältnis von Leistung und Ertrag so nachhaltig wirksam wie bei Auftritten.
Voraussetzug dafür ist, dass die gespielte Musik vom Kind erwünscht ist und gern gemocht wird. Und wenn es aus dieser Begeisterung heraus den Wunsch äußert, selbst Musik zu machen, zu singen oder ein Instrument zu spielen, dann sollten Sie es tunlichst unterstützen!

Dem einen geht es um die hohe Kunst der Musik mit den schönen, satten Klängen eines professionellen Orchesters, dem anderen um den dumpfen Sound polternder Grooves und provokanter Texte. Dem Mozartfan macht es nichts aus, sich zu seiner Minderheitenposition zu bekennen, dem anderen ist gerade wichtig, dass alle wissen, wer Bushido ist und für welches Image er steht.

In einem Gespräch mit Kindern über ihre Vorlieben sollte es also vor allem darum gehen, was sie an diesem Image auch in Bezug auf sich selbst gut finden und was die Musikpräferenz über ihr soziales Umfeld aussagt. Ist es dem Mozartfan vielleicht wichtig, sich in der Gruppe Gleichaltriger als „Bildungshörer" darzustellen, um damit seine familiäre Herkunft zu betonen?

Erzählt der Bushido-Hörer vielleicht in einem solchen Gespräch vor allem über seinen älteren Bruder, von dem er diese Musik kennt? Der Junge, der AC/DC hört, weil sein Vater die Musik gut findet bzw. hört, spricht indirekt auch über die Beziehung zu seinem Vater. Der Vater scheint dem Sohn ein Vorbild zu sein, obwohl er durchaus seinen eigenen Weg geht: Der Vater hört harten Rock, der Sohn Rock.

Musik ist für Kinder IMMER nur ein Medium für den Kontakt zu sich selbst und zur eigenen Umgebung. Daher sollten Gespräche über Musikgeschmack sich immer dem Kind zuwenden, egal, was es an Musik nennt.

**Überprüfen Sie selbst:**

- Welches Image war Ihnen wichtig, und welches musikalische Vorbild passte dazu?
- Inwieweit haben Familienangehörige Ihren Musikgeschmack beeinflusst?
- Kam es vor, dass Sie sich über Ihren Musikgeschmack von Familienmitgliedern oder anderen wichtigen Menschen ihrer Umgebung abgegrenzt haben?

## Sozialisationsräume – vom Zentrum zur Peripherie

Kinder wagen sich sukzessive „in die Welt" und orientieren sich Schritt für Schritt von innen nach außen. Das gilt auch für ihren Musikgeschmack und ihre musikbezogenen Aktivitäten.

Das **Zentrum** für alles, was Vorbildfunktion hat, bildet – auch in Bezug auf Musik – die Familie: Eltern, Geschwister, Verwandte oder engste Freunde der Familie. Musik wird hier gelernt wie die Muttersprache. Ohne darüber zu reflektieren, erlebt das Kind seine Familie im Umgang mit Musik. Alle folgenden Einstellungen, Präferenzen und Verhaltensweisen werden hiervon geprägt werden. Je mehr Musik gehört und mit ihr aktiv umgegangen wird, desto intensiver entwickeln sich eigene Aktivitäten wie singen, tanzen oder musizieren. Auch hier ist der Vergleich mit dem Spracherwerb zulässig, denn in Familien, in denen viel mit Kindern gesprochen wird, entwickeln diese eine deutlich höhere Sprech- und Sprachkompetenz als in Familien ohne häufige Sprechkontakte. Genauso wenig, wie über den Spracherwerb mit Kindern reflektiert wird, geschieht dies in Bezug auf Musik, denn Musik ist ähnlich natürlich in den Lebensraum integriert wie die Sprache.

Im **Nahraum** werden erste soziale Außenbeziehungen auf der Straße, zu den Nachbarn, auf dem Spielplatz, im Wohnviertel hergestellt. So kann es passieren, dass ganz neue Musik wahrgenommen wird und sich auf diese Weise neue Interessensfelder eröffnen.

Später kommen **„funktionale Orte"**[62] wie Kindergarten, Schule, Geschäfte u. Ä. hinzu, wo Kinder Neues aufschnappen und Anregungen erhalten. In pädagogischen Institutionen findet in der Regel eine qualitative Veränderung der Selbsteinschätzung statt, da nun Autoritäten Einfluss gewinnen, die für die Zukunft der Kinder relevant werden könnten. So kommt es oft bereits in den Kindergärten zu Lerndruck, und spätestens ab der zweiten oder dritten Klasse ist es keine Seltenheit, dass Eltern sich ernsthafte Sorgen um die weitere Schullaufbahn machen und die damit verbundenen Zukunftsängste auf das Kind übertragen. Spätestens ab jetzt wird Anpassungsfähigkeit erlernt – mit der Folge, dass viele Kinder bisherige, natürlich erworbene Erfahrungen und Kenntnisse als unpassend erleben.

Als **Peripherie** lässt sich der Bereich der gelegentlichen Kontakte – etwa im Urlaub oder in der Gemeinde – definieren. Hier geht es also eher um Lernräume ohne oder mit weniger Anpassungsdruck.

In all diesen Sozialisationsräumen findet musikalische Beeinflussung statt!

## Geübt und gekonnt

Aus der Nutzung von Medien und aus kultureller Teilhabe im Allgemeinen kann sich eine Vielzahl von Fähigkeiten entwickeln. In Bezug auf Musik verwenden Kinder alles, was sie für ihr Selbstbild gebrauchen können.

*Das Fazit dieser Beobachtung ist, dass Kinder und Jugendliche im Alltag vor allem den Gestus von musizierenden Menschen und den Gestus von Musik erfassen und reproduzieren. Sie gehen dabei unsystematisch und „analog" vor. Das Ergebnis ist ein überzeugender Selbstausdruck, ohne dass die Anforderungen des systematischen Musiklernens eine Rolle spielen würden.*[63]

### Was Erwachsene wissen sollten … über die Mediennutzung von Kindern

Kinder nutzen Medien kompetent und effektiv. Ein Missbrauch von Medien entsteht erst dann, wenn sich das Kind in keiner stabilen und zufriedenen Verfassung befindet und dieses Defizit durch den Medienkonsum auszugleichen versucht.

Das Gleiche gilt für Jugendliche und Erwachsene; nur geht es bei ihnen eventuell nicht mehr nur um den Missbrauch der Medien, sondern zugleich um den Missbrauch von Drogen wie Alkohol. Im Unterschied zum Erwachsenen ist das Kind allerdings „schutzbefohlen", das heißt, es muss vor Missbrauch jeder Art behütet werden.

Wenn es gut läuft, nutzen Kinder Medien zu nichts anderem als zu ihrer eigenen Unterhaltung, für die soziale Kommunikation in ihrer Altersgruppe und für die Auseinandersetzung mit der Erwachsenenwelt. Ob es sich dabei um Filme, Fernsehsendungen, Hörbücher oder Musik handelt, ist unerheblich. Der Musik kommt allerdings eine herausragende Rolle zu, weil sich hier Körper, Geist und Seele optimal vereinen: Es wird getanzt, gefühlt, gedacht. Daher ist die Rezeption von Musik immer auch verbunden mit innerer wie äußerer Bewegung.

Wer Medien nicht über das Lesen von Schrift, sondern über das Hören und/oder das Sehen bewegter Bilder nutzt, bewegt sich – ähnlich wie bei den Kindertänzen, -liedern und -spielen – in einer Welt mündlicher Kultur (oral culture). Gelernt wird über das Hören von Musik, über das Sehen derjenigen, die Musik machen, und über das Beobachten von Bewegung und Tanz.

Diese Handlungskompetenz wird traditionell innerhalb pädagogischer Institutionen als nicht gleichwertig zum Schrifterwerb und anderen Lernbereichen anerkannt. Rezeptives, von Erwachsenen initiiertes und medienfernes Verhalten wird in der Schule oder in vielen Musikschulen eher erwartet bzw. positiv sanktioniert als selbst initiiertes, mediennahes Verhalten. Was Kinder mit Musik machen, wenn sie über Medien, über ihre Familie oder die weiteren Sozialisationsräume in Kontakt mit ihr kommen, ist spätestens ab der ersten Klasse nebensächlich. Nun gibt es vorgefertigtes Material und Lernziele im Sinne der Lehrpläne. Kinder, die das rezeptive Verhalten von zu Hause kennen, haben nun „bessere Karten" als diejenigen, deren Lernräume sich aus anderen Kanälen speisen.

Das ist schade, denn was Kinder musikalisch können, sollte in vollem Respekt zur Kenntnis genommen werden, bevor man mit eigenen Plänen aufwartet.
Die neuere Bildungsorientierung weg vom vorgefertigten Lernstoff hin zu übergreifenden Denk- und Handlungskompetenzen eröffnet hier zum Glück neue Perspektiven.

## Singen – alles stimmt, nur nicht die Tonlage

Diese Beobachtung bestätigt sich immer wieder: Kinder singen zum Teil hoch komplizierte rhythmische und melodische Linien, weil es sich um Melodien handelt, die sie vom Hören her mögen und sehr gut kennen. Dabei geschehen durchaus Fehler, die allerdings nicht wahrgenommen werden und die fast immer die Tonlage betreffen, in der die Kinder singen. Alles stimmt: die Textverteilung, die Rhythmik, die Melodielinien, aber die Tonlage ist frei gewählt, je nachdem, in welchem Tonbereich sich die Stimme am wohlsten fühlt.

Hinzu kommt der musikalische Ausdruck. In einer entspannten Atmosphäre wird meistens tiefer gesungen, geht es um Spannung und musikalische Erregung, schnellt die Tonlage sofort nach oben. Doch das hört fast keiner, und schon gar nicht der Sänger oder die Sängerin selbst. Und es hat auch nichts mit Unmusikalität zu tun. Musikalisch ist, wer den Ausdruck eines Liedes empfinden und sogar wiedergeben kann und nicht, wer nur Tonhöhen exakt zuordnen, aber den Ausdruck nicht erfassen kann. Tonhöhen zu isolieren und sauber zu singen, ist eine Technik, die gelernt werden muss, wenn man nicht nur für sich selbst, sondern auch für andere singt. Mit Musikalität hat diese Technik nur sehr begrenzt zu tun.

## Texte – alles stimmt, nur nicht der Wortlaut

Kinder können unglaubliche Textmengen – auch in fremden Sprachen! – auswendig, weil es sich um Liedtexte handelt, deren Klang und Rhythmus sie mögen. Beispiel: Katharina aus der dritten Klasse singt das komplette Lied „Apologize“[64] in perfektem Englisch. Sie versteht kein Wort von dem, was sie singt, also lernt sie den Text ausschließlich als rhythmische Klangmusik. Der Sound der Aussprache und der Rhythmus des Sprechens zusammen genommen bilden den Text. Die Melodie und das Arrangement des Stückes gehen dem Mädchen so ans Herz, dass sie wochenlang das Lied nachsingt. Plötzlich kann sie es, und ihre Freundin ermuntert sie, es ganz allein in der Unterrichtsstunde auf der Bühne zu singen. Diesen Auftritt zeigt das Foto. Sie hört alle Begleitstimmen in ihrem Inneren. Auf diese Weise hält sie jede Pause exakt ein und bleibt durchgehend im Tempo.

Katharina aus der dritten Klasse singt das Lied „Apologize“ in kompletter Textlänge und einem perfekt klingenden Englisch. Das Bild stammt aus einer Laienaufnahme.

## Tanzen – und wie!

Kinder können zum Teil Tanzschritte ausführen, die höchstens nach Abschluss der Pubertät möglich erscheinen. Es gibt ab der zweiten und dritten Klasse Kinder, die die akrobatischen Bewegungen des Breakdances oder erotischen Bewegungen des Poptanzes nahezu perfekt nachahmen. Ganz zu schweigen vom rhythmischen „Kick“, der in einfachen Tanzbewegungen aus dem Popbereich bei vielen Grundschulkindern bereits vorausgesetzt werden kann.

Spaß, positive Energie, Bewegung, Freude am Miteinander: „I love Rock 'n Roll" von James Rizzi versammelt all die Aspekte des Musikmachens, die dafür sorgen, dass Kinder es so lieben.

## Instrumente spielen will gelernt sein

Im Rahmen häuslicher Zusammenhänge lernen Kinder oft auch über die Nachahmung, Instrumente zu spielen. Beispiel: Der Junge mit Namen Souheil spielt die Trommel in einer derartigen Kompetenz, dass hier kaum noch etwas beizubringen wäre. Jedes Tempo wird eingehalten, jeder noch so komplexe Rhythmus wird exakt und pausenlos wiederholend gespielt, es gibt keine Spieltechnik, die der Junge nicht so lange ausprobiert, bis er sie beherrscht. Mehrere Trommeln stehen um ihn herum, und er spielt sich die Seele aus dem Leib. Der Junge ist nicht etwa Autist, denen man solche Hochbegabungen oftmals zuordnet. Nein, Souheil kommt aus einer Familie, in der der Großvater trommelt. Bei ihm hat er es gelernt.

Bei allen derartigen Beobachtungen geht es nicht um Technik, sondern um den Ausdruck dessen, was man nachahmt.

> *Bei sieben- bis achtjährigen Kindern ist das musikalische Ausdrucksverständnis offenbar sehr weit entwickelt. Es scheint sich ab der zweiten Klasse nicht wesentlich von dem der Erwachsenen zu unterscheiden.*[65]

Die Kinder scheinen aus Tänzen die männliche Kraft und/oder den weiblichen Sexappeal bereits wahrgenommen zu haben, ohne zu wissen, was das genau ist. Sie erfassen den Inhalt eines Liedes und die Energie dieser Musik, ohne zu wissen, worum es geht. Sie greifen aus der Erwachsenenkultur auf, was sie (bewusst oder unbewusst) fasziniert, und nehmen es für sich in Besitz, indem sie es kopieren. Fragt man nach Einzelheiten eines Melodieteils oder einer Bewegungsfolge, entsteht Verwirrung.

> *Hier lässt sich (...) beobachten, dass ein fehlerhaftes „gestisches Singen" ausdrucksstärker sein kann als ein fehlerfreies, den Regeln der Stimmbildung folgendes Singen. Ähnliches gilt für das Tanzen, bei dem oft Körperausdruck und Korrektheit der Schritte einander im Wege stehen.*[66]

Dabei wird das komplette Gebilde einer Musik oder einer Tanzbewegung wahrgenommen, ohne seine Einzelteile zu analysieren. Durch sehr viel Übung (allein oder im vertrauten Kreis) wird dann dieser Gesamteindruck als Ganzes „herausgelassen" und in eigene Bewegungen und/oder Gesang umgesetzt.

Wolfgang Martin Stroh war viel unterwegs und hat, wo er war, Kinder beobachtet, die mit Musik umgehen. Hier ein Beispiel:

> *Kinder im Alter von sechs bis acht Jahren spielen am Rand einer Tangoaufführung in San Telmo/Buenos Aires. Die Kinder machen ein Spiel, bei dem sie einfrieren und auftauen. Sie bewegen sich zur gleichzeitig erklingenden Musik. Der Gestus ihres Spiels ist von der Musik inspiriert, sie tanzen aber nicht, befolgen nicht den Rhythmus der Musik.*[67]

In musikbezogenen Rollenspielen schaffen sich Kinder eine Spielsituation, in der sie sich die erwachsenen Umgangsformen mit Musik erarbeiten. Aus dieser spielerischen Aneignung entsteht oft die Motivation, fachlich präziser agieren zu können.

An dieser Stelle sind Pädagogen sinnvoll, die den Kindern das von ihnen benötigte Knowhow vermitteln können. Entscheidend für den Erfolg dieser Anleitung ist die Aufmerksamkeit für das, was das Kind braucht. Fehlt für das, was es spielen will, eine bestimmte instrumentale Technik? Hilft ihm eher die Aufzeichnung der Töne? Lehrer, denen es auf stetige Weiterentwicklung ankommt, schulen sich vor allem darin, den optimalen Punkt zu finden, an dem das Kind einen Lernsprung macht. Die neu erworbenen Fähigkeiten werden von den Kindern genutzt, um ihr ursprüngliches Rollenspiel, das ein Abbild alltäglicher Tätigkeiten ist, erfolgreicher und besser zu gestalten.

> *Für die Kinder im Alter von sechs Jahren [sind] nicht irgendwelche Schrittfolgen oder rhythmische Fähigkeiten entscheidend, sondern die „innere" Haltung der Musik im Spiegel dessen, was sie als „äußere" Körperhaltungen von Erwachsenen beobachten.*[68]

Wolfgang Martin Stroh hat aus diesem Wissen heraus maßgeblich die Methode der „szenischen Interpretation" entwickelt, nach der das Wissen um den lebensbezogenen Kontext eines Musikstückes zum praktischen Hineinfühlen und Umsetzen führt. „Auf diese Weise entsteht eine Art Spiralcurriculum, ein aufbauender Unterricht, der mit ganzheitlichem Erfassen des Inhaltes beginnt und schrittweise zu ‚digitalen' Übungen führt". (Umgesetzt wurde dieser Ansatz beispielsweise in einer Capoeira-Unterrichtseinheit für die Grundschule.)[69]

### KAPITEL 5

# Wie Kinder Musik machen

## Analoge Aneignung – so lernen Kinder Musik

In diesem Kapitel wird auf vielerlei Weise und zu allen relevanten Gebieten der Musikpraxis gezeigt, dass Kinder analog – d. h. erlebnis- und erfahrungsorientiert – lernen. Diese Art des Lernens steht in deutlichem Widerspruch zu einem Konzept, das sich systematisch nennt.

Beim systematischen Lernen wird nach dieser Pyramide (s. u.) gearbeitet. Sie veranschaulicht, „dass alle Lernschritte, von unten beginnend, nacheinander durchlaufen werden müssen, um die Fähigkeiten höherer Stufen sicher erlernen zu können. Kein Schritt soll ausgelassen werden, bei Schwierigkeiten muss immer zum entsprechenden Schritt davor zurückgegangen werden."[70]

Hat man einen guten Lehrer, kann auch diese Lernweise viel Spaß machen. Sie hat nur nichts mit der Komplexität zu tun, in der Kinder vom Musikhören her bereits Kompetenz angesammelt und die Musik im Gestus erfasst haben. Die Kinder werden musikalisch unterfordert.

Analoges Lernen funktioniert anders. Hier ist das Gesamtgebilde eines Musikstückes interessant. Es wird danach gefragt, welche musikalischen Mittel verwendet werden, die das Stück für Kinder interessant machen.

Dabei arbeitet man in sogenannten „Patterns", d. h., man erarbeitet gemeinsam z. B. einen Grundrhythmus als geschlossene musikalische Figur. Er wird zwar, sollte er im Original zu komplex gestaltet sein, vereinfacht, doch sein musikalischer Ausdruck muss trotz der Vereinfachung beibehalten werden, weil ihn die Kinder sonst nicht verstehen können. Methodische Tricks wie das Erlernen eines Rhythmus durch Sprechverse oder das

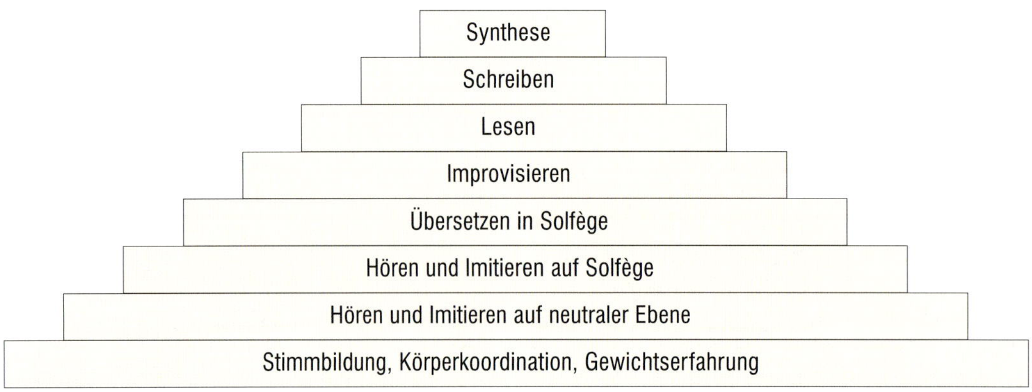


Es darf bezweifelt werden, dass auf diese Weise nachhaltiges musikalisches Lernen stattfinden kann.

Kennzeichnen der zu spielenden Tasten bzw. Klangstäbe durch farbige Aufkleber oder Nummern erleichtern zusätzlich das Lernen, wobei als grundlegende Methode das wiederholende Tun gewählt wird.

Jeder Musikteil, der gespielt wird, soll in sich musikalisch schlüssig und – wenn es eine Originalvorlage gibt – wiedererkennbar sein. Das, was das Stück für Kinder musikalisch interessant macht, wird elementarisiert gespielt.

Auch was auf Instrumenten gespielt wird, lernen die Kinder analog: Sie sehen auf einer Abbildung von Tasten, wo auf dem Keyboard gespielt werden muss, auf der Zeichnung einer Gitarre, wo die Basstöne liegen.

Die Musik, die ihnen selbst wichtig ist, wird also vollkommen ernst genommen. So können sich die Kinder optimal fordern, denn sie wissen, worum es musikalisch geht, und benötigen nur das Handwerkzeug, um diese Musik selbst machen zu können.

Als Beispiel finden Sie die Noten zur Begleitung des Songs „Apologize" von One Republic, das Kinder einer dritten und einer vierten Klasse unbedingt live spielen wollten. Voraussetzung war, dass es Sänger/-innen für den englischen Text gab. Die waren zur Genüge vorhanden. Der Ablauf des Stückes wurde gekürzt und zusätzliche Stimmen, die im Original vorkommen, wurden weggelassen.

Die musikalische Grundenergie ist in diesem Stück bestimmt von der Harmoniefolge C-Moll, As-Dur, Es-Dur und B-Dur mit D im Bass. Jedes Kind, das ein Harmonieinstrument – also Bassgitarre, Xylophon, Metallophon, Glockenspiel oder Keyboard – spielte, musste nur vier Töne erklingen lassen. Die erste Stimme spielte C, C, B, B, die zweite Stimme G, As, G, F, die dritte Stimme spielte Es, Es, Es, D und die vierte Stimme, also vor allem der Bass, spielte C, As, Es, D. Wo die Töne lagen, konnten die Kinder der jeweils zugeordneten Skizze entnehmen. Der Umgang mit dem Bass war vertraut.

Als die Kinder den Zusammenklang dieser vier Stimmen hörten, waren sie sichtlich berührt von der Schönheit der Harmoniefolge. Schwierig war einzig das Durchhalten des sehr langsamen Tempos, sodass immer wieder die Gefahr bestand, dass sich eine Speed-Version entwickelte, die die Sängerinnen dann jedoch nicht schafften. Auch die Trommler (bum = tiefe Trommel/Base-drum, tschak = Schellenring/Snare) neigten dazu, ihren Rhythmus immer schneller zu spielen. Doch letztendlich schafften es die Gruppen, ein Intro, eine Strophe und einen Refrain in angemessenem Tempo zu spielen. Die Kinder hatten auf diese Weise viel gelernt – das Spielen in langsamem Tempo gehört zu den schwierigsten Anforderungen im gemeinsamen Musizieren.

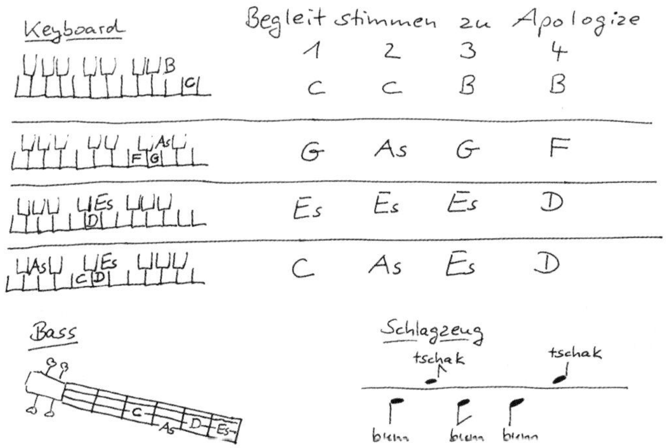

## Singen

Kinder, wie fast alle anderen Menschen auch, nehmen Musik ganzheitlich wahr. Rhythmus, Melodie, Lautstärke, Tempo, Takt und Ausdruck ergeben eine geschlossene Einheit. Erfreut man sich am Nachsingen einer Melodie, die man vom Hören her kennt und mag, hört man im Inneren sogar noch die Begleitmusik mit, zu der man gleichermaßen selber singt!

In seinem Buch „Der einarmige Pianist" zitiert Oliver Sacks den Brief eines Freundes:

> *Merkwürdigerweise habe ich ein relativ gutes Melodiegefühl oder vielmehr Melodiegedächtnis, denn ich bin in der Lage, eine Melodie exakt wie ein Kassettenrekorder wiederzugeben oder sogar noch nach Tagen und Wochen mit ziemlicher Klangtreue zu pfeifen und zu summen. Aber ich könnte noch nicht einmal entscheiden, ob ein bestimmter melodischer Triller bei meinem eigenen Summen nach oben oder nach unten geht. Das war schon immer so.*[71]

Wenn jemand ein Lied nachsingt und dabei das Stimmtimbre seines Vorbilds imitiert, die Melodiebögen des Originals im Wesentlichen beibehält und in seinem Ausdruck zeigt, dass er das Lied schön findet, singt er analog dem Musikstück, das er im Kopf hat.

## Eine Melodie muss schön sein

Auf die Frage, was eine Melodie sei, antworten zwei Zwölfjährige:

> *Eine Melodie, das sind Töne aneinander, viele Töne nacheinander, und wenn die schön zusammenpassen, dann klingt das und dann schwingt das irgendwie, und dann ergibt das eine Melodie.*
>
> *Das ist eine Folge von Tönen, die eben logisch aufeinander aufgebaut sind und damit etwas ergeben, was schön klingt oder zusammenpasst.*[72]

Hier wird deutlich, dass Musik im Kindesalter auch immer etwas mit dem Bedürfnis nach Harmonie zu tun hat. Erst später, wenn die Widersprüchlichkeit der wahrgenommenen Welt spürbar wird, kann Musik wichtig werden, die bewusst auf die Zerstörung von Harmonie ausgerichtet ist. Im Grundschulalter ist das Bedürfnis nach Schutz und Geborgenheit jedoch noch so existentiell wichtig, dass die dem entsprechende Musik gewählt wird.

Rockmusik widerspricht diesem Harmoniebedürfnis nicht, denn diese Musikrichtung gilt heute nicht mehr als provokativ. Sie ist geprägt durch kraftvolle Energie, aber nicht durch Destruktivität. Und sie kennt schöne Melodien!

## Auf das Timbre kommt es an

Wenn jemand singt, so ist die Melodie fast weniger wichtig als die Stimmfärbung, die Intensität und der spezifische Ausdruck.

> *Dieses bewusst gestaltete individuelle Timbre (...) kann dann auf dem Weg über die Schallplatte zum Muster für andere Sänger – auch Laiensänger – werden, die es häufig fertigbringen, das Timbre ihres Idols genau zu kopieren. Kinder machen das zum Beispiel.*[73]

Zum Timbre gehört die Erfassung der Tonhelligkeit, auf die Kinder extrem empfindlich reagieren. Dass ein vom Tenor gesungener Ton höher erscheint als derselbe Ton, gesungen von einer Altstimme, liegt an der Tonhelligkeitsempfindung. Die Tonhelligkeit ist eine gemeinsame Eigenschaft sowohl der Tonhöhe als auch der Klangfarbe. Die Klangfarbe entspricht dem Spektrum von Ober- oder Partialtönen. Sie ist für Kinder deutlich wichtiger als die Tonhöhe. So erscheint ein von einem Tenor gesungener Ton höher als der gleiche Ton von einer Altstimme. Die Tonhelligkeitsempfindung, also die mit der Tonhöhe verbundene Klangfarbe, ist für das Erfassen von Melodien anfänglich sehr wichtig. Je weiter auseinander die zu treffenden Töne liegen, desto einfacher ist es, diese Tonhelligkeitsveränderung zu erfassen. Aber Tonsprünge können auch mal ungenau getroffen werden, wenn die Tonhelligkeit von uneindeutiger Aussage ist.

Das Bild zeigt „schöne Melodien". Sie fließen aus den Musikinstrumenten Cello (mit historischem Bogen), Laute und Flöte heraus. Die Sonne, die blauen Wolken, die Vögel, der Baum im Zentrum, die hübschen Blumen und die bunten Notenlinien zeigen, dass es schöne Melodien sind.
Pamela, 10 Jahre.

**Ein Beispiel aus der Praxis:**
Eine Lehrerin hat eine helle Stimme. Sie singt zwar in einer Altlage, also nicht hoch wie ein Sopran, aber das Timbre ihrer Stimme erscheint hell, egal wie tief die Töne liegen, die sie singt. Dadurch ist es fast unmöglich, Melodien vorzusingen, weil die Kinder und Jugendlichen sich absolut sicher sind, dass die gesungenen Töne viel zu hoch sind, um nachgesungen werden zu können. Immer und immer wieder weigern sich die Schüler/-innen, die vorgesungene Melodie nachzusingen, mit der Begründung, es sei alles viel zu hoch. Nur das Vorspielen der Melodie auf dem Klavier (in der gleichen Tonlage!) kann die Schüler besänftigen und sie zum Singen bewegen. Nach vielen Jahren derselben schmerzlichen Erfahrung entschließt sich die Lehrerin, einer Gesangslehrerin das Problem vorzutragen. Und siehe: Durch Stimmtraining gelingt es, das Timbre der Stimme dunkler zu gestalten. Fortan singen alle Schüler/-innen ohne Widerspruch, was die Lehrerin mit- oder vorsingt.

Hinzu kommt, dass Kinder im Allgemeinen komplexe Töne (also Töne mit einem reichen Obertonspektrum) nicht als einheitlichen, verschmolzenen Klang, sondern als einzelne Teiltöne hören und ihre Aufmerksamkeit sich vorwiegend auf die oberen Teiltöne und nicht auf die Grundfrequenz konzentriert. Hierdurch kann das Gesungene in Bezug auf die Tonhöhe als falsch erscheinen, denn wenn ein oberer Teilton gesungen wird und nicht der Ton, der der Grundfrequenz entspricht, liegt er augenscheinlich nicht richtig, obwohl er innerhalb des Obertonspektrums tatsächlich vorkommt.[74]

## Speichern von Melodien

Melodien werden vor allem als ganzheitliche Gebilde wahrgenommen und weniger als Aneinanderreihung klar definierter Töne. Daher ist die Fähigkeit, Melodiebewegungen nachzusingen, eher gegeben als das Halten einer Tonart.

Man speichert also keine exakte Tonfolge, sondern den Verlauf einer Linie ab, die die Melodie kennzeichnet. Diese Linie kann man auch als Kontur bezeichnen.

**Ein Beispiel aus der Praxis:**
Die Lehrkraft singt das, was sie selbst sehr detailliert aufgeschrieben hat, vor, und die Kinder notieren den Melodieverlauf mit, um ihn dann selbst nachzusingen.

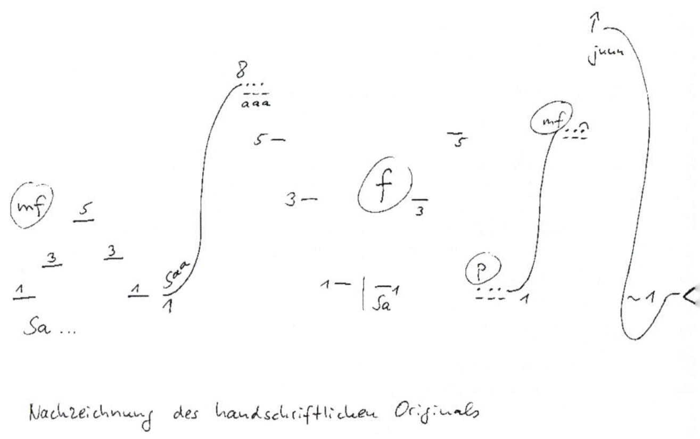


Lehrervorgabe[75]

Schülerlösung [75]

An der Schülerinnenzeichnung lässt sich sehr gut erkennen, was mit Kontur gemeint ist: Es geht um die Linie des Auf und Ab, um gleitende wie um schritthafte Tonfolgen. Diese Melodielinie hat das Mädchen sehr gut erfasst, die Treffsicherheit der jeweiligen Höhe eines Tones war dagegen offensichtlich nicht so leicht gegeben:

Während der Lehrervortrag mit drei Stufen beginnt, notiert die Schülerin fünf Stufen. Die Gesangslinie nach oben (es handelt sich um acht Tonsprünge, was einer Oktave entspricht) wird von der Schülerin exakt als Pfeil wiedergegeben. Auch die drei folgenden Töne in gleicher Tonhöhe sind exakt aufgezeichnet. Während im Lehrervortrag nun über die Quint und die Terz zum Grundton zurück gesungen wird, verharrt die Schülerin in einer Mittellage.

Trotzdem gibt sie ganz richtig drei Tonsprünge nach unten an. Und die gleiche Folge wieder hinauf – ganz wie der Lehrervortrag. Im Unterschied zum Lehrervortrag hört und zeichnet die Schülerin nun einen dreistufigen und dann einen fließenden Abgang. Drei Töne auf dem Grundton, das folgende Glissando und der große Abgang unterscheiden sich nur geringfügig. Die Silben Sa und you (bzw. juuu bei der Lehrerin) sind gleichermaßen exakt notiert.

**Was Erwachsene wissen sollten …**
**… über die qualitative Tonhöhenerfassung**

Es ist nachgewiesen, dass Kinder im Alter zwischen vier und neun Jahren Töne nicht genau treffen können, es sei denn, sie sind außerordentlich begabt und/oder besonders trainiert.

Durchschnittliches, natürliches Singeverhalten ist nicht davon geprägt, dass die Töne exakt getroffen werden. Es gibt immer wieder herausragende Töne, die sauber gesungen werden, doch normalerweise braucht es eine mal kürzere, mal längere Zeit, um Tonhöhen ausnahmslos exakt zu singen. Denn Kinder hören eine Mischung aus Klangfarbe und Tonhöhe. Ändert sich die Klangfarbe, z. B. durch das Timbre der Stimme, so ändert sich auch die Wahrnehmung der Tonhöhe.

Kindern zu sagen, sie sängen falsch, ist also nicht nur pädagogisch unklug, sondern auch sachlich unsauber, denn sie hören anders als ein Erwachsener.

Das nebenstehende Beispiel zeigt, dass Kinder Linien nachsingen, Auf- und Abwärtsbewegungen realisieren und diese Richtungen auch beim Nachsingen einhalten können.

Das, was am allermeisten hilft, um Kindern den Weg zum „sauberen" Singen zu ebnen, ist das häufige Wiederholen von Liedern, die die Kinder gern singen, und das bewusste Singen der Tonstufen. Je mehr und je lieber gesungen wird, desto schneller gewöhnen sich die Ohren an verschiedene Tonhelligkeitsstufen und an Tonhöhenverläufe. Zudem werden die Stimmbänder trainiert und erfassen zunehmend klar die anvisierten Töne.

Die folgenden Beispiele stammen aus einer „entwicklungspsychologischen Untersuchung zum Erwerb des Tonsystems bei Kindern zwischen vier und neun Jahren in ihren Vokalisationen".[76] Der Lehrer singt vor, und ein sechsjähriges Kind singt nach.

Die leeren Notenköpfe zeigen die vom Lehrer vorgesungenen Tonfolgen. Die schwarzen Notenköpfe zeigen, wie die Tonfolge nachgesungen wurde. Man kann sehen, dass die jeweilige musikalische Kontur stimmt, die Tontreffsicherheit jedoch nicht immer gegeben ist.

## Melodien werden begradigt

Erwachsene wie Kinder haben die Fähigkeit, Melodien zu „reparieren". Sie geben sich nicht mit den „krummen Touren" ab, die eine Melodie womöglich beinhaltet. Ecken und Kanten, die nicht gefallen, werden umkomponiert, ohne dass es irgendwie auffallen könnte.

**Beispiel:**
Klaus W. Hoffmann hat sich für sein bekanntes Kinderlied „Der musikalische Wasserhahn" einen besonderen Schluss ausgedacht. Statt dem langweiligen Abwärtsgehen der letzten drei Töne (h, h, a, a, g – -) verbleibt die Melodie drei Schläge lang auf dem Ton h' und macht dann einen Schlenker zum fis, um von dort auf den Schlusston g' zu rutschen: h, h, h, fis, g – -. Die Mühe hätte er sich sparen können, denn es wird in der Republik nur sehr wenige Menschen geben, die diese Wendung auch tatsächlich singen. Man ist zufrieden mit dem bereinigten Schluss h, h, a, a, g --.

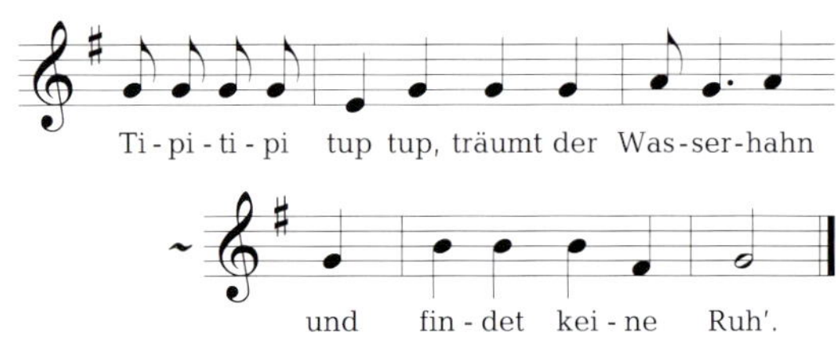


begradigter Schluss:

„Dieses Phänomen des ‚Zurechthörens' findet man häufig bei Kindern. So konnte nachgewiesen werden, dass jüngere Kinder zu einer Nivellierung der Melodielinie neigen, und zwar mit der Tendenz, Zwischentöne auszuschalten und die Melodie auf tonalitätsstützende Töne zu beschränken.[77]

Besonders nachvollziehbar erscheint diese Begradigung im Spiel-Lied, da hier das Bewegungsspiel im Vordergrund steht und niemand weiter darauf achtet, was eigentlich mit der Melodie passiert, die man da verwendet und verändert.

Das Kinderspiel-Lied „Da hat das rote Pferd sich einfach umgekehrt" ist dafür ein schönes Beispiel. Die fein ausgearbeitete Melodie von „Milord", die Edith Piaf im Jahre 1959 zu einem Hit machte, enthält mehrere Halbtonschritte, die in der Kinderversion zum Teil begradigt, zum Teil gesungen werden – je nachdem, ob der Halbtonschritt musikalisch wichtig oder unwichtig erscheint. Die Entscheidung dafür läuft nicht bewusst ab, sondern entsteht aus der natürlichen Musikalität. Vergleichen Sie selbst: Bei den Melodiestellen, bei denen die Töne auffällig in den vier Halbtonschritten A, B, H und C hinaufgleiten, bleibt die Chromatik erhalten. Das geht ins Ohr und ist prägnant. An den anderen Stellen wird die Chromatik ausradiert.

## Sterne zählen

Ein besonders schönes Beispiel für die Begradigung einer Melodie ist die folgende Neufassung eines Liedes von Cesar Bresgen[78].

Die neunjährige Klavierschülerin Annika lernt das Lied „Sterne zählen" von Cesar Bresgen kennen, dessen Melodie „nach einem gemütlichen Anfang in überraschende Wendungen verfällt"[79]. Sie komponiert daraufhin eine Neufassung, die den gleichen Anfang hat, sich dann aber im Volksliedmodus fortsetzt. Das passiert unbewusst und fast automatisch, weil diese Art der Melodie in ihrer Einfachheit aus frühester Kindheit vertraut sein dürfte.

Dazu gehört vor allem das Da capo, wie es in vielen Liedern gebräuchlich ist, z.B. in „Kuckuck, Kuckuck". Auch der sich wiederholende Melodieteil in der Mitte besitzt ein typisches Merkmal der Volkslieder: Er bewegt sich in einer Tonlage, die eine Quarte tiefer als die vom Anfang liegt. Prompt umgedichtet und an ihre neue Melodie angepasst hat das Mädchen auch den Text.

Original

Annikas Version

## Warum Erwachsene und Kinder zusammen eine Melodie singen können

Um zu verstehen, warum Erwachsene und Kinder die gleiche Melodie singen können, obwohl sie unterschiedliche Stimmlagen haben, muss man zuerst einmal wissen, dass der Ton eine hörbare, im Wesentlichen periodische Schwingung der Luft ist. Man unterscheidet einen Ton von einem Geräusch und beides vom Klang:

- Einen Ton kann man eindeutig zuordnen.
- Der Klang wiederum setzt sich aus verschiedenen Ober- oder Partialtönen zusammen.
- Geräusche haben meistens eine aperiodische Schwingungsstruktur und somit keine definierbare Tonhöhe (z. B. eine Rassel).

## Ton, Klang, Geräusch

Bei unserer üblichen temperierten Stimmung wird die Oktave in 12 auf einer logarithmischen Skala gleiche Teile (mit je 100 Cent) eingeteilt. Die Tonhöhe entwickelt sich entsprechend ihrer logarithmisch zunehmenden Frequenz. Je höher die Frequenz, desto höher der Ton.

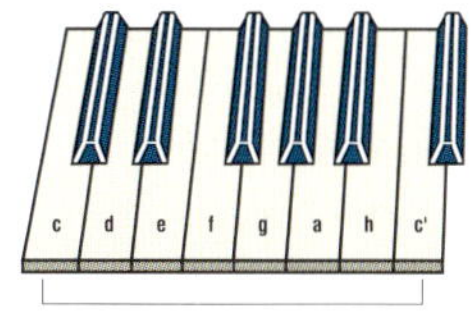

Dies ist das Intervall einer Oktave.

Nach der antiken Intervalltheorie ist die Oktave das konsonanteste, also harmonisch zusammenklingendste Schwingungsverhältnis 1:2. Deshalb erscheint ein Oktavton wie der Ausgangston, z. B. klingt c wie c', nur eine Lage höher.

Kinder merken den Unterschied nicht und singen automatisch richtig, wenn ein Erwachsener eine tiefere Oktavenlage anstimmt. Besonders gut lässt sich das mit einem Klangschlauch ausprobieren, den es für wenig Geld in Spielzeughandlungen gibt. Stellt man ihn senkrecht auf den Boden und klopft mit der flachen Hand auf seine Öffnung, erklingt die Grundfrequenz. Schwingt man nun sehr vorsichtig, erklingt zuerst die Quint und dann die Oktave.

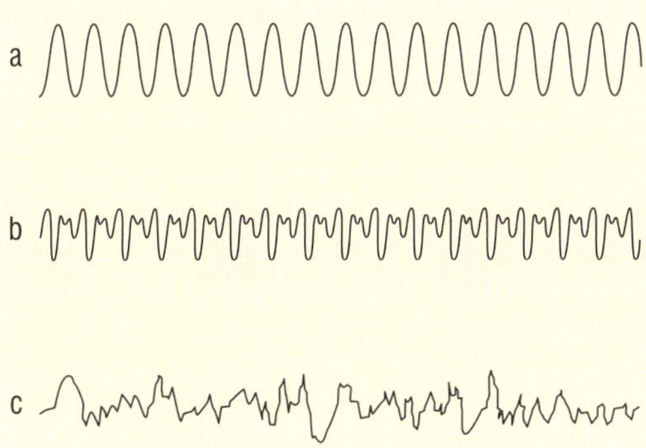


**Ton** (= a):
harmonische Schwingung, z. B. Sinus–Ton einer Stimmgabel

**Klang** (= b):
periodische, nicht harmonische Schwingung, Summe der Teilschwingungen, z. B. Gitarrensaite

**Geräusch** (= c):
aperiodische Schwingung mit unregelmäßiger Schwingungsform, keine definierte Tonhöhe, z. B. Schellenring[80]

## Analoges Musikverstehen beim Hören

### Kuckuck, Esel und F-Moll

Sollen Kinder eine bestimmte Höraufgabe lösen, gehen sie dabei lieber analog vor. So sollten Schulanfänger herausfinden, wie viele komponierte Kuckucksrufe in dem Stück „Le coucou au fond des bois", wie viele komponierte Eselsschreie in dem Stück „Personnages à longues oreilles" und wie viele F-Moll-Akkorde in dem Stück „Pianistes" vorkommen.[81]

Von 21 möglichen Kuckucksrufen erkannten 98 % über 18 Rufe. 77 % hatten alle 21 Rufe richtig gehört und gezählt. Das ist ein erstaunlich gutes Ergebnis.

Obwohl die Eselsschreie deutlich schwieriger zu erkennen sind, waren auch hier 95 % in der Lage, wenigsten 12 von insgesamt 15 Eselsschreien herauszuhören.

Anders zeigt sich das Bild bei dem F-Moll-Akkord: Von insgesamt sieben F-Moll-Akkorden erkennen 65 % vier oder fünf. Doch nur 12 % gelingt es, alle sieben Akkorde zu hören, und 28 % hören sechs und sieben Akkorde.

Warum das so ist, erklärt sich aus der Nähe zum analogen Hören und Spielen. Obwohl nur wenige Kinder Kontakt zu echten Kuckucksrufen oder Eselsschreien haben, sind Esel und Kuckuck real existierende Tiere mit hohem Bekanntheitsgrad. Vom Klang ihrer Rufe haben die Kinder zumindest eine Vorstellung. Sobald sie den musikalischen Ruf mit dem des leibhaftigen Tieres verbinden, ist ihre Aufmerksamkeit geweckt.

Ein F-Moll-Akkord findet jedoch keinerlei Entsprechung in einer außermusikalischen Form. Dadurch ist diese Hörweise abstrakt und schwerer verständlich.

Eine fast unlösbare Aufgabe ist es für Kinder, Musik in ihre Einzelteile zu zerlegen, weil Musik erst in ihrer Ganzheit wahrgenommen wird. Kein Problem ist es, Geschichten zu erfinden, die zum Klang der Musik passen, denn hier entspricht die Ganzheitlichkeit der Musik der Ganzheitlichkeit des Bildes, das beim Hören entsteht. Obwohl keine Analyse im Detail stattfindet, werden die Klänge in ihrer Differenzierung wahrgenommen. Auf diese Weise können sie ein entsprechend differenziertes Bild entstehen lassen. Klang und Bild werden analog zugeordnet.

## „Ich dachte, da platzen die Wände" – Kinder beschreiben Musikstücke

### Das Musikstück Lux Aeterna von György Ligeti

Vier siebenjährige Kinder werden zu verschiedenen Aspekten des Musikhörens befragt. Die Kinder werden gebeten,

- das musikalische Material zum Verlauf des Stückes zu benennen und
- Bilder zu beschreiben, die im Verlauf des Hörens entstehen.

Während die Kinder zuhörten und die Musik beschrieben, wurden Videoaufnahmen gemacht, sodass die Bewegungen, die die Kinder zur jeweiligen Musik ausführten, ausgewertet werden konnten. Überprüfen Sie selbst, ob das Musikstück in Ihnen anfängt zu erklingen, wenn Sie die Beschreibungen der Kinder lesen. Gesa beschreibt das Musikstück so:

*Das wurde immer heller, als ob die Sonne aufgeht, und dann wieder tiefer, wenn sie wieder untergeht. Sonnenaufgang. Farbe: weiß. Ganz viele Kerzen werden angezündet und es wird immer heller, und dann werden sie ausgepustet.*

Malte:

*Klavier, immer nur ein Ton. Das ist ganz, ganz tief. Zwei oder drei Männer singen das. Das kann wenn, dann nur eine Opernsängerin sein. Da spukt es. Böller. Ganz viele Dampfloks fahren auf drei Gleisen. Das weiße Papier wird von oben immer schwärzer, bis es ganz schwarz ist.*

### Das Metal-Stück „At the left Hand ov God" von der Gruppe Behemoth

Wieder hat der siebenjährige Malte seine Eindrücke und Gefühle formuliert. Während die Beschreibung des Klangverlaufs eher hilflos wirkt, kann man sich aufgrund der nonverbalen, körperlichen Reaktion und der Beschreibung von Bildern das Stück gut vorstellen.

Malte hört und beschreibt währenddessen, was er hört:

Erster nonverbaler Eindruck beim Hören:

*Spielt Luftgitarre, steht auf, macht Reiterbewegungen.*
*Meldet sich.*
*Wird plötzlich durch die Musik nach hinten in den Sessel gedrückt, wie „weggeblasen".*
*Meldet sich regungslos.*

Erster verbaler Eindruck beim Hören:

*Lautes Lachen. „Ich weiß was."*

Beschreibung der Musik:

*Der hat ganz schön tief gesungen. Erst haben zwei es gesungen, und dann haben es andere zwei gesungen, und immer so weiter. Am Ende waren es alle. Vielleicht waren auch ein paar zwei Mal.*

Erinnerungen, Bilder, Szenen:

*Ich dachte, da platzen die Wände. Als ob Elefanten erst durch einen See trampeln, und der See ist so flach, und dann aus dem See raus, und dann hört man es richtig mit Buff! Steinberg. Knochen zerbrechen.*[82]

Bombast und Gitarrenakrobatik zwischen Black Metal und Death Metal: die polnische Kultband Behemoth

**Der Soundtrack zum Film**
**„Der Herr der Ringe – die Gefährten"**

Filmmusik hat vor allem die Funktion, die Charakteristik einer Person sowie den emotionalen Gehalt und das Tempo einer Handlung zu unterstreichen. Howard Shore, der Komponist des Soundtracks zum Film von Peter Jackson, studierte nicht umsonst die Opern Richard Wagners, bevor er die Musik schrieb. Kinder verstehen diese Musik auf Anhieb.

Es handelt sich bei den Ausschnitten, die sowohl in einer zweiten als auch in einer fünften Klasse vorgeführt wurden, um eine Hobbit-Musik (Track Nr. 2 – 00:00 bis 1:55, „Concerning Hobbits" – diese Musik wurde als Untermalung für die heile, gemütliche, naturverbundene Welt der Hobbits komponiert) und eine Ork-Musik (Track Nr. 7 – 00:00 bis 2:37, „A Knife in the dark" – diese Musik dient also der klanglichen Verstärkung der bösen Orks).

Jan (10 Jahre) schreibt:

*Erster Abschnitt:*
*Ich kann eine Geige hören, ihr Klang ist hoch, und ein Cembalo. Beide zusammen ergeben eine Melodie, die den meisten Menschen hilft, die innere Ruhe zu finden. Am Anfang kann man eine Panflöte hören.*

*Zweiter Abschnitt:*
*Ich höre einen tiefen Kontrabass, eine Trompete, eine Trommel und einen Chor, der singt. Alle gemeinsam ergeben gruselige Klänge.*

*Die Geschichte dazu:*
*Es ist eine schöne Landschaft, ein Junge saß im Gras, als er ein Eichhörnchen sah, das auf einem Baum ein Nest hatte. Erst jetzt merkte er, wie schön die Welt ist. Auf einmal stand er in der Hölle, der Teufelschor sang, und er hatte Angst, er konnte sich nicht regen, als ein Teufel auf ihn zukam. Als er sich bewegen wollte, löste sich alles auf, und er lag wieder im Gras und genoss die Welt.*

Kinder einer zweiten Klasse malten zu den gleichen Hörbeispielen Bilder und kamen zu ähnlichen „Geschichten". Zum Beispiel die kleine Künstlerin Alexandra mit ihren Bildern auf der gegenüberliegenden Seite.

Noch intensiver als die Filmbilder wirkt die Musik, die Howard Shore für Peter Jacksons „Der Herr der Ringe" komponiert hat. Sie verschafft als Kunstmusik auch unabhängig vom Film ein beeindruckendes Hörerlebnis.

Zum ersten Abschnitt malt Alexandra, sieben Jahre alt – ohne die Filmmusikszene zu ahnen – eine grüne Wiese, ein glückliches Pferd, Spiel- und Sprunggeräte für das Pferd und einen blauen Himmel mit Sternen und Mond.

Zum zweiten Abschnitt malt sie ein loderndes Feuer, in dem sich das Pferd hilflos bewegt und schreibt: Das Pferd muss weg vom Feuer.

## Rhythmus

Benjamin-Blümchen-Lieder auf dem Schlagzeug spielen? Kein Problem!

> *Vertraute Melodien werden sogar dann besonders gut wiedererkannt, wenn jegliche melodische Information entfernt wird und nur der Rhythmus erhalten bleibt – ein Effekt, der sich auch in Ratespielen in Grundschulklassen demonstrieren lässt.*[83]

Dass eine Klangfolge überhaupt als Musik eingestuft wird, liegt vornehmlich an der Kombination von Rhythmus und Melodik bzw. Harmonik. Dass ein Klang zu Musik wird, liegt vor allem am Rhythmus und weniger an der Melodik.[84]

> *Also bei mir war das so, also ich war auch bei der Musikalischen Vorschule, weil ich auch gerne Musik machen wollte, und dann hab ich dort immer Glockenspiel gespielt und auch mal auf dem Schlagzeug probiert mit fünf, und dann hab ich die ganzen Benjamin-Blümchen-Lieder mal so mit Schlagzeug gespielt (lacht), und deswegen habe ich auch angefangen, mit Mathias jetzt Gitarre zu lernen.*[85]

Sven (zehn Jahre alt) beschreibt die Dominanz des Rhythmus über die Melodik auf seine Weise, wenn er erzählt, wie er zum Instrumentalunterricht kam.

Melodien kann man sich besonders gut über ihren Rhythmus merken. Das liegt auch daran, dass sich der Rhythmus des Liedes besser abspeichern lässt als der Tonhöhenverlauf.

Rhythmen werden immer als Tongruppe realisiert. Die einzelnen Töne einer Rhythmussequenz werden also nicht getrennt wahrgenommen, sondern als Gruppe in Form einer Rhythmusfigur. Eine solche Figur kann aus unterschiedlich langen und kurzen Tönen bestehen oder aus einer Folge gleich langer Töne, die sich in einem Metrum befinden. Dieses Metrum äußert sich im Takt. Er strukturiert mehrere solcher Tonfolgen, indem er für die Gleichmäßigkeit regelmäßig vorkommender Schwerpunkte sorgt. Mehrere Takte ergeben einen Abschnitt, in dem sich Spannungskurven auf- und abbauen. Mehrere Abschnitte ergeben wiederum einen Liedteil, und mehrere Liedteile ergeben das Musikstück.

Doch auch die größeren Bögen können als Rhythmen beschrieben werden – ganz ähnlich, wie das Wort Rhythmus in Wendungen wie „Rhythmus der Jahreszeiten" oder Begriffen wie „Lebensrhythmus" zur Beschreibung eines Verlaufs dient.

Bei einem Lied wird zuerst der Rhythmus wiedererkannt, dann dieser Rhythmus mit der Kontur der Melodie in Verbindung gebracht, und dann wird das Lied gesungen.

### Rhythmen notieren

Wünscht sich ein Pädagoge, dass Kinder im Grundschulalter die Rhythmusnotation beherrschen, so sollte er sich der Tatsache bewusst sein, dass diese Notation sehr wenig mit der Art zu tun hat, wie Menschen Rhythmen wahrnehmen.

Studenten, die nicht über eine musikalische Ausbildung verfügten, zeigten für eine Untersuchung ihr natürliches Verständnis von Rhythmusnotationen. Sie wurden gebeten, einen Klatschrhythmus zu notieren, der sich exakt im Sprechrhythmus seines Textes bewegt: „One, two, pick up shoes, three, four, shut the door."[86]

Die Studenten realisierten den Rhythmus nach ihrem natürlichen Musikverständnis: Sie fassten die Tongruppen zusammen, die innerhalb des musikalischen Sprechbogens einen Sinn ergeben und ignorierten die Länge der Pausen zwischen den Lauten. Die Studenten notierten treffsicher analog und unterschieden einfach die beiden Tongruppen, die sich deutlich als zwei länger und drei kürzer gesprochene unterscheiden lassen.

oder so:

Die Studenten notieren den Rhythmus analog zu dem, was sie hören, als eine Gruppe von zwei längeren und eine Gruppe von drei kürzeren Tönen.

Was die einzelnen Notenwerte betrifft, mit denen Rhythmen notiert werden, ist zu beachten, dass diese nicht unmittelbar plausibel sind. Je schwärzer desto kürzer, aber die ganz ausgemalte Note ist nicht etwa die Ganze, sondern die Viertel. Die Ganze dagegen ist gar nicht ausgemalt. Hier eine Übersicht:

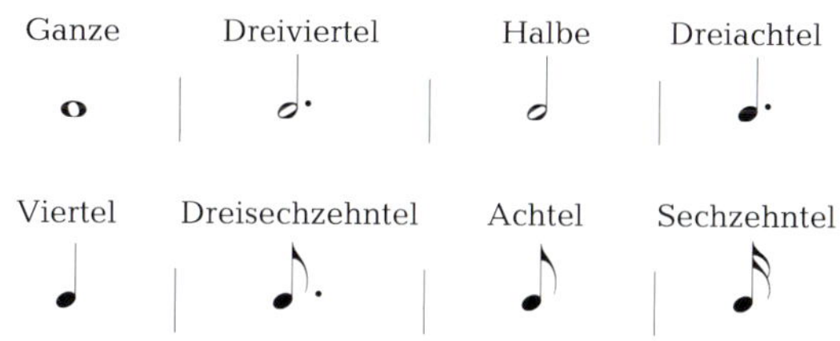


## Traditionelle Notenwerte

Die traditionelle Schreibweise dagegen sieht vor, dass nicht in rhythmischen Figuren gedacht und geschrieben wird, sondern im Verhältnis eines Tones zum nächsten und dies innerhalb des Taktgefüges. So sieht dann die Rhythmus-Notation für „One, two, pick up shoes" aus:

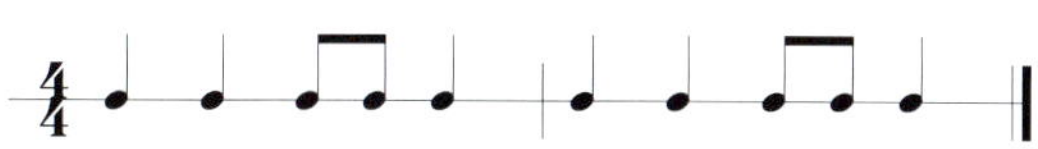

**Überprüfen Sie selbst:**

Kennen Sie den sogenannten Soccer-Rhythmus?
Er wird auf fast jedem Fußballspiel getrommelt und soll die Stimmung anheizen. Wenn Sie ihn nicht kennen, können Sie ihn von diesen Noten abspielen:

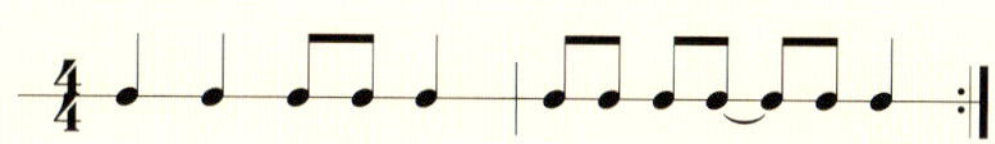

### Wie nennt man diese Notenwerte?

Neun- und zehnjährige Kinder sollten in einem Test die Frage beantworten, wie man drei vorgegebene Notenwerte nennt. Mit ihren Antworten trafen sie recht gut das Problem. Vergleichen Sie selbst die Antworten. Ist nicht jede einzelne völlig plausibel? Im traditionellen Sinne ist jedoch nur die dritte Version korrekt.

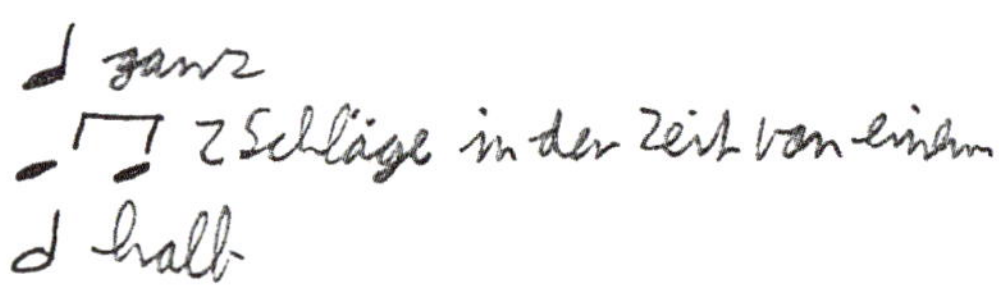


Antwort Kind 1

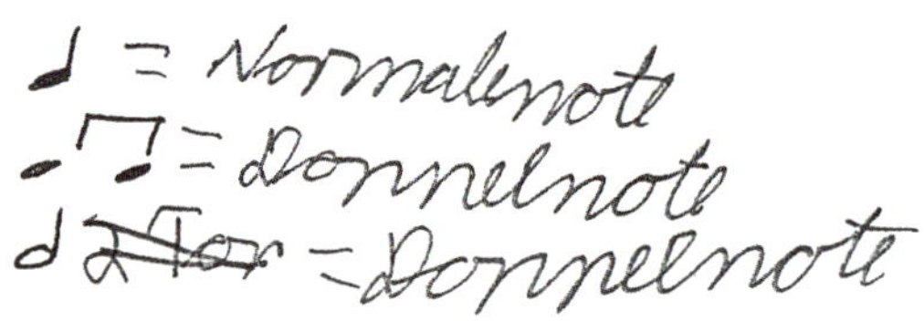


Antwort Kind 2

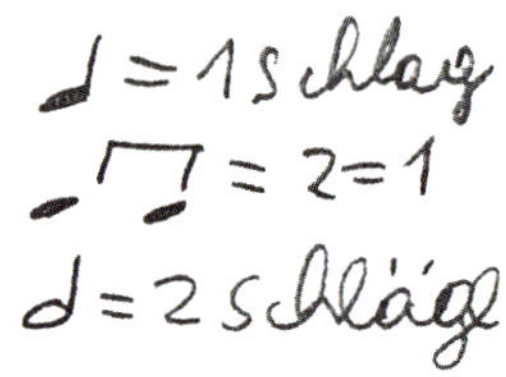


Antwort Kind 3

Die Wahrnehmung von Rhythmus und Takt ist also hoch entwickelt, aber die eigenen Ausführungsmöglichkeiten benötigen Zeit.

Überfordert man Kinder, indem man ihre Begeisterung für rhythmische Musik auf das Lernziel des rhythmisch exakten Spiels oder der Notation von Rhythmen reduziert, verbaut man sich den natürlichen Weg vom komplexen, ganzheitlichen Hören und Bewegen bis hin zum eigenen Musizieren und Notenlesen.

Selbst gestandene Lehrer sind oft nicht in der Lage, Rhythmen exakt zu notieren. Gerade popmusikalische Melodien sind durch ihre Offbeats und Synkopen nicht einfach aufzuschreiben.

Natürlich lässt kein Lehrer in der Grundschule Rhythmusdiktate schreiben, die er selbst nicht bearbeiten könnte. Aber das Problem, innerhalb des Taktes die richtigen Tonlängen einschließlich der Pausen zu notieren, betrifft jeden, der Musik notieren muss oder möchte.

### Drittklässler zeichnen Rhythmusnoten

Kinder einer dritten Klasse entwickelten Ideen, wie sich kurze und lange Töne, aber auch Pausen für sie verständlich notieren ließen. Hier einige Beispiele.

Bsp. 1: Die Hälse der Noten zeigen die Länge des Tones.
N = normal, K = kurz, L = lang, Bindestrich = Pause

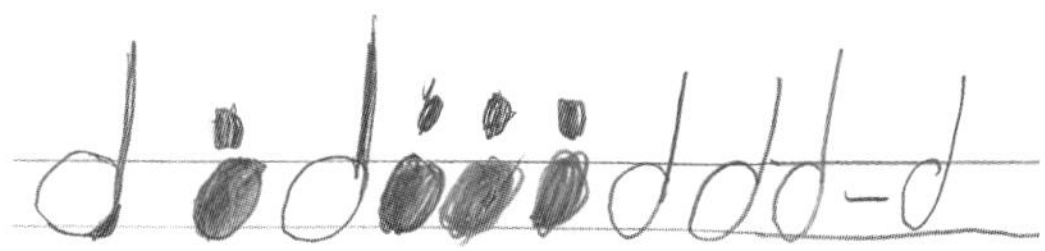

Bsp. 2: Lange Töne sehen aus wie ein halber Notenwert, kurze Töne sind schwarz ohne Hals, aber mit einem schwarzen Punkt über der Note. Ein kurzer Querstrich zeigt die Pause.

Bsp. 3: Kleine Herzen stehen für kurze Töne, größere Herzen stehen für lange Töne.

Bsp 4: Je länger der senkrechte Strich, desto länger der Ton.

Bsp. 5: Eine halbe leere Note kennzeichnet einen mittellangen Ton, eine halbe schwarze Note zeigt einen kurzen Ton, eine ganze leere Kugel zeigt einen langen Ton.

Bsp. 6: 1 = kurz und 2 = lang

Bsp. 7: runde Kugel = kurz, ein Pluszeichen = lang

Bsp. 8: K = kurz, L = lang

Bsp. 9: senkrechter Strich mit L als Bezeichnung = langer Ton, etwas kürzerer senkrechter Strich mit der Bezeichnung K = kurzer Ton, sehr langer senkrechter Strich mit der Bezeichnung SL = sehr langer Ton

## Was Erwachsene wissen sollten ... was Kinder musikalisch wann können

**Vierte Lebenswoche**
Ein Säugling kann nach der vierten Lebenswoche am Klang der Stimme unterscheiden, wer im Zimmer ist.[87]

**Fünf Monate bis zwei Jahre**
Nach der Studie eines englisch-finnischen Psychologenteams (PNAS, online) mit 120 Kindern im Alter von fünf Monaten bis zu zwei Jahren über die Reaktion auf verschiedene akustische Reize ergaben Videoanalysen über das Verhalten der Kinder, „dass sie von Anfang an stärker bei Musik und rhythmischen Tonfolgen mit ihrem Körper mitwippen, als wenn sie menschliche Stimmen hören. Ihnen gelang es, in begrenztem Maße, bei Tempoveränderungen mitzuhalten. Auch muss ihnen die Musik Freude bereitet haben: Die Babys lächelten mehr."[88]

**Sechster Lebensmonat**
Bereits ab dem sechsten Lebensmonat bemerkt der Säugling unterschiedliche Melodiekonturen und kann Stimmtimbres voneinander unterscheiden.[89]

**Siebenter Lebensmonat**
Das akustische System ist nahezu vollständig ausgebildet. Das Kind besitzt bereits akustische Sensibilität.[90]

**Achtzehn Monate**
Mit achtzehn Monaten leiten Kleinkinder ihren Gesang vom Sprachrhythmus ab und singen in gleich bleibenden Melodien, die sie stetig wiederholen. Tonhöhensicherheit ist nicht gegeben.[91]

**Ein Jahr**
Einjährige Kinder können Melodien wiedererkennen. Dies setzt eine enorme Gedächtnisleistung voraus, denn sowohl die melodische Kontur als auch die Rhythmisierung und spezielle Tonhöhen müssen dafür als Zusammenklang abgespeichert werden.[92]

**Drei Jahre**
Obwohl Kinder schon vor dem vierten Lebensjahr im Prinzip Tonhöhen treffen können, wechseln sie gern, unvorhersehbar und spontan die Tonlage, in der sie singen. Die Kinder können in dem Alter bereits Sprachrhythmen nachmachen.[93]

**Vier Jahre**
Lieder werden ab dem vierten Jahr durch ihren Sprechrhythmus und ihre musikalische Kontur erfasst.[94] Mit vier Jahren können fast alle Kinder einen Rhythmus mitklatschen, mit fünf können es alle. Komplexere Rhythmen sind allerdings nur mit Texthilfen nachahmbar.[95]

**Fünf Jahre**
Fünf- bis siebenjährige Kinder sind in hohem Maße fähig, zwischen gehörter und unbekannter Musik zu unterscheiden. Ein Experiment zeigte, dass diese Kinder wenige Minuten nach einem musikalischen Hörereignis die gleiche Gedächtnisleistung aufbrachten wie nach einer Woche![96]
Fünfjährige können über mehrere Takte ein durchgehendes Metrum einhalten, wenn Melodie und Rhythmus einfach sind.[97]
Einer Untersuchung zufolge konnten schon 43 % der Fünfjährigen zwei verschiedene dreistimmige Akkorde voneinander unterscheiden.[98] Eine andere zeigt, dass sie „den Ausdruck von Freude, Trauer, Wut und Angst in der Musik verstehen können, wobei sie den Ausdruck der Freude am leichtesten identifizieren konnten."[99]

**Sechs Jahre**
Taktverschiebungen und mangelndes Gefühl für Ton- und Pausendauern sind während des Singens bei sechsjährigen Kindern absolut üblich. Ab sechs Jahren entwickelt sich ein Gespür für Tonalität.[100]
Auch bei einfachen Melodien werden ab sechs Jahren Harmoniewechsel erkannt.
Das Tonalitätsbewusstsein differenziert sich aus und „wohlklingende" Akkorde werden bevorzugt.[101]

**Sieben Jahre**
Kinder sind in der Lage, komplexe Rhythmen auch ohne Text zu klatschen.
Sieben- bis achtjährige Kinder verstehen Musik in ihrem Ausdruck so gut wie Erwachsene.[102]

**Acht Jahre**
Eine sichere Intonation entwickelt sich zwischen dem achten und neunten Lebensjahr.[103]
Ab jetzt merken sich Kinder besonders gut Melodien und Rhythmen, und es sind große Leistungszuwächse möglich.[104]

Mit **acht bis neun Jahren** sind Kinder auch in der Lage, „rhythmische Modelle mit körperlicher Bewegung"[105] korrekt wiederzugeben und ein festes Metrum einzuhalten.[106]

**Neun Jahre**
Erst ab neun Jahren können sie Moll und Dur unterscheiden.[107] Vorher nicht.

**Zwölf- bis fünfzehn Jahre**
Nun ist die Fähigkeit voll ausgebildet, einen Rhythmus zu synchronisieren und nachzumachen.[108]

**Mittlere Tonlage**
Alle Untersuchungen zeigen, dass Kinder eine mittlere Tonlage besser hören und singen als eine hohe.[109]

**Bewusst Harmonien hören**
Viele Experten vermuten, dass Kinder heutzutage früher Harmonien unterscheiden können als vor 40 bis 50 Jahren. Das hängt sicher nicht zuletzt mit der zunehmenden Präsenz von Musik im kindlichen Alltag zusammen.[110]

**Emotionaler Ausdruck**
Mehrere Studien bestätigen, dass Kinder schon früh den emotionalen Ausdruck von Musik verstehen. Das bestätigen sowohl die Studien über Hörsensibilität als auch die zur Beobachtung des alltäglichen musikalischen Verhaltens.

Die Übersicht zeigt, dass wir Kinder in Bezug auf Musik eher überfordern, wenn wir Rhythmusdiktate, Notenlesen und analytisches Hören abstrakter Tonfolgen erwarten. Und dass wir sie unterfordern, wenn wir ihnen das Verständnis von Musik nicht zutrauen. Daher sollten Musikpädagogen von Anfang an Raum lassen für die Umsetzung des kindlichen Ausdrucks. Den Kindern ihre eigene musikalische Auffassung zu lassen und ihre eigenen Umsetzungswege wahrzunehmen, gehört zu den Aufgaben des Pädagogen, der auf diese Weise herausfindet, welche Übungseinheiten für das Kind am effektivsten sind. Denn kein Kind lernt wie das andere. Die einen sind rhythmisch sehr schnell, andere beim Finden von Tönen. Daher ist vor allem Beobachtungsfähigkeit gefragt, wenn man Kinder gut in Musik unterrichten möchte.

## „... wenn ich bei Takt 112 bin" – Üben am Instrument

Sehr viele Menschen lernen ein Musikstück an ihrem Instrument ausschließlich über das analoge Sehen und Hören. Als völlig normal unter Instrumentalschülern gilt, dass man sich das zu spielende Stück vom Lehrer so oft vorspielen lässt, bis man es auf diese Weise gelernt hat, und fortan nur noch vorgibt, die Noten, in die man schaut, auch zu lesen. Gerade Laien, die nicht unbedingt Noten lesen und trotzdem Musik machen wollen, wissen sich mit dieser Methode zu helfen. Vor allem über das Internet wird die analoge Lernmethode massenhaft verbreitet, denn dort kann man sich für alle Instrumente das Spiel selbst beibringen, weil es einem dort gezeigt wird.

Ob es sich um Übungen zur allgemeinen Spielweise oder um konkrete Musikstücke handelt: Diese Videoclips sind so aufgebaut, dass jeder notwendige Schritt im Detail gezeigt wird, sodass er nachgespielt werden kann.

Sie wollten immer schon mal „Für Elise" auf dem Klavier spielen können? Kein Problem! Schauen Sie sich über entsprechende Musikvideoclips an, wie's geht, und spielen Sie es einfach „Step by Step" nach.

Der „Flohwalzer" wird allerdings bevorzugt von Kind zu Kind weitergegeben, durch Vor- und Nachspielen. Auch im Musikunterricht ist der Anteil derjenigen, die eine Instrumentalstimme über das Lesen von Noten erfassen, extrem gering. Fast alle versuchen, über Schauen und Hören schnell zum Ergebnis zu kommen. Auch wenn eine Aufzeichnungsform gewählt wird, die auf Noten verzichtet, wird zuerst der visuelle Weg des Abschauens gewählt, bevor es sich vielleicht doch als hilfreich herausstellt, das Skript zu Hilfe zu nehmen. Das ist in JEDER Altersklasse so, d. h., auch bei Erwachsenen wird nach dem Prinzip des Vor- und Nachmachens gelernt. Auch berühmte Musiker unserer Zeit haben so gelernt. Eric Clapton ist beispielsweise in jungen Jahren mit den Rolling Stones in die USA gefahren, um bei Bluesmusikern wie Howlin' Wolf oder Muddy Waters die Musik durch Hören, Mit- und Nachspielen zu lernen.

## Jan und der Canonrock

Als die Musiklehrerin der Realschule während der Pause in ihren Musikraum kommt, sitzt der 15-jährige Jan dort und spielt E-Gitarre. Das tut er fast täglich, denn er nutzt die Pause lieber zum Üben, als mit seinen Freunden herumzuhängen.

Die Lehrerin hört ihn einige Takte aus einem virtuosen Gitarrenstück spielen, das ihr kurz zuvor ein anderer Schüler als sein momentanes Lieblingslied über seinen MP3-Player vorgespielt hatte. Es handelt sich um ein Stück, das im Internet als „Canonrock" kursiert und auch nur dort bekannt ist. In dem Videoclip sieht man einen jungen Mann auf einem Bett in einem ganz normalen Zimmer sitzen. Er hat das bekannte Barockstück „Kanon in D-Dur" von Johann Pachelbel laufen und improvisiert dazu halsbrecherisch virtuos und musikalisch geradezu genial.

Als die Lehrerin Jan daraus spielen hört, fragt sie, ob er etwa DIESES Stück einübe. Er bejaht und erklärt auf Nachfrage, dass er es sich aus dem Internet Ton für Ton zeigen lässt. Er sei jetzt bei Takt 12. Die Lehrerin fragt, ob es ihm recht sei, wenn die Musik-AG ihn an seiner Sologitarre mit diesem Stück begleite. Er sagt: „Ja, gerne, aber erst, wenn ich bei Takt 112 bin. Ich sage dann Bescheid."

Jan hat nie eine einzige Stunde Gitarrenunterricht erhalten und spielte dieses Stück mit der Musik-AG mehrmals und überaus erfolgreich auch auf einigen großen öffentlichen Auftritten.

Jan spielt den Canonrock vor 400 Leuten im Lüneburger Stadttheater in Begleitung der Musik-AG der Realschule.

## Was ist „hoch"?

### Kreative Tonlagenbezeichnungen

Noch mit sechs bis sieben Jahren haben Kinder deutliche Probleme mit der Anwendung der Begriffe hoch und tief. „Es fällt ihnen offenbar schwer, ‚hoch' und ‚tief' im musikalischen Sinn nicht mit räumlichen Vorstellungen zu verwechseln."[111]



Doch auch Erwachsenen geht es so. Hier ein Beispiel:

*Im Weihnachtsoratorium von Johann Sebastian Bach befindet sich ein Lied mit der Melodie des bekannten Weihnachtsliedes „Vom Himmel hoch, da komm ich her" und einem Text über das kleine Jesulein, das in der Krippe liegt. Während der Chor diese süßen Zeilen singt, ist die musikalische Begleitung zart und sanft. Doch zwischen den Chorpassagen schmettern Trompeten in hellsten Tönen ein musikalisches Motiv, das den Messias, den König und Herrscher, den ja das Jesuskind gleichermaßen darstellt, zeigen soll. Diese plakative Instrumentierung beschreibt eine junge Erwachsene so:*
*„Tiefe und starke Töne = Trompeten = König. Hohe Töne = Engelschor".*
*Dass die Trompeten hell und hoch spielen, fällt ihr ebenso wenig auf wie die Tatsache, dass sich im Chor auch tiefe Bassstimmen befinden. Stattdessen wird bildlich gehört: Ein starker, männlicher König kann nur tief klingen, und bei dem sanften Chorgesang kann es sich nur um Engel handeln, die hoch singen.*

### Frequenzen

Das Einzige, was bei Tönen wirklich höher wird, wenn sie heller klingen, ist die Frequenz. Der Hörbereich des menschlichen Ohres liegt zwischen etwa 16 Hertz (Hz) und 20 Kilohertz, d.h., die tiefste hörbare Frequenz liegt bei 16 Schwingungen pro Sekunde, die höchste hörbare Frequenz bei etwa 20.000.

Mit zunehmendem Alter nimmt die Wahrnehmungsfähigkeit des menschlichen Gehörs besonders für höhere Töne ab. Ein Kleinkind hört Töne mit Schwingungen bis etwa 20.000 Hz als obere Frequenzgrenze, Erwachsene hören diese hohe Frequenz nicht mehr. Die Frequenz des Kammertons a', nach dem ein Orchester gestimmt wird, beträgt nominell 440 Hz (heute eher 442 oder 443 Hz).

Je höher die Anzahl der Schwingungen pro Sekunde, desto heller, spitzer, feiner oder eben höher empfinden wir den Ton. Die Erhöhung eines Tones um einen halben Ton, also z.B. von G zu Gis oder von C zu Cis, nennt man im Englischen „sharp", also spitz oder scharf. Das mag ein gutes Bild für steigende Frequenz sein, doch alle anderen Beschreibungen funktionieren auch.

## Hoch ist …

### Hoch ist hell

Am häufigsten ersetzen Kinder sinnvollerweise den Begriff „hoch" durch „hell". Die Bezeichnung „tief" scheint vergleichsweise unproblematisch zu sein.

Dies zeigt auch der Bericht eines Zweitklässlers über den Klangverlauf eines Musikstückes[112]:

> *Wenn's tief wird, fliegt ein Vogel runter, wenn's wieder hell wird, fliegt er wieder hoch. Das ist ganz hell, und manchmal wird es wieder tiefer.*

### Hoch ist klein

Es ist allgemein bekannt, dass kleine Instrumente eine höher klingende Tonlage aufweisen als gleichartige größere. So wird bei den Flöten die Luftsäule, die zum Schwingen gebracht wird, immer größer, wodurch die Tonlagen tiefer werden. Auch bei Geigen, Bratschen, Violoncello und Kontrabass sieht man die Tonlage an der Größe des Instrumentes. Wenn jemand einen hohen Ton „klein" nennt und einen tiefen Ton „groß", liegt er im analogen Denken völlig richtig. (Spezialisten, z. B. Instrumentenbauer, können allerdings auch kleine Instrumente so bauen, dass sie tief klingen. Auch unterschiedliche Materialien können nicht verglichen werden, denn ein langes Stück Holz kann höher klingen als ein kurzes Stück, das anders strukturiert ist. Das gilt z. B. auch für Gläser und Trommeln.)

Violine, Viola, Violoncello, Kontrabass (v. l. n. r.)

### Hoch ist fröhlich

Hisham, ein Zweitklässler, möchte ein Lied vorsingen, das die Klasse zuvor gelernt hat. Er wendet ein: „Ich singe das aber viel höher!" Nachdem er die Melodie keineswegs in einer höheren Tonlage gesungen hat, fragt die Lehrerin: „Was war denn an der Melodie höher?" Hisham antwortet: „Sie war fröhlicher! Ich habe sie fröhlicher gesungen."

### Hoch ist laut

Oft werden „hoch" und „laut" simultan benutzt.

*Eine Quelle des 18. Jhds. spricht von dem „überlauten und schleppenden" Gesang der Mennoniten. Was mit „überlaut" gemeint ist, geht aus der Schilderung des Singens einer mennonitischen Gemeinde in Kanada hervor. Lieder werden sehr hoch angestimmt, sodass sie bis zur äußersten Grenze des Tonumfangs gehen und ein sehr schrilles Timbre bekommen. Das ist Absicht: „Je höher die Stimme, je näher zu Gott", kommentierte R.W. Brednich, der die Lieder aufzeichnete.*[113]

Oben ist unten, weil die am tiefsten klingende Saite oben liegt.

Die Vermutung liegt nahe, dass die Bezeichnung „hoch" erst aus diesem Bild der Himmelsnähe entstanden ist, denn Klänge, die hell klingen, werden dem Himmel zugeordnet, und der liegt hoch oben.

### Oben ist unten

Möchte man einem Ahnungslosen an der Gitarre zeigen, wo sich die tiefste Saite, also die Saite, die die tiefsten Töne der Gitarre hervorbringt, befindet, gibt es schnell Protest über die Formulierung „tiefe Saite", denn die tiefe Saite liegt oben! Jeder versteht, was gemeint ist, wenn man darum bittet, die obere Saite anzuzupfen: die in der tiefsten Tonlage. Was man sieht, ist, dass die Saite oben liegt, und dies ist beim analogen Lernen entscheidend.

Leider lässt sich an den Saiten auch nur schwer erkennen, welche die am tiefsten klingende ist: Je tiefer der Ton, desto dicker ist die Saite, aber auch das muss nicht gegeben sein. So ist eine dick umsponnene A-Saite der E-Gitarre dicker als eine tiefer klingende G-Saite der Geige, weil sie aus anderem Material hergestellt ist.

## Analoge Notationen

### Tabulatur

Tabulaturen sind Griffschriften, die mit Beginn des 14. Jahrhunderts erfunden wurden, um mehrere Stimmen polyphoner Vokalmusik für ein Instrument zusammenzuschreiben („tabulieren"). Eine Tabulatur gilt jeweils nur für ein bestimmtes Instrument.

Gitarristen können oft keine Noten lesen, sondern spielen dann nur nach Tabulatur. Hier sieht man die Saiten der Gitarre und nicht etwa Notenlinien!

```
e |------------------------------------------
h |------------------------------------------
G |------------------------------------------
D |--- 5 -------- 5 -------- 5 ---
A |-- 7 ---- 7 -- 7 ---- 7 -- 7 ----
E | 0 --- 6 5 -- 0 --- 6 5 -- 0 --- 6 5
```

Dies ist die Tabulatur für das Intro von „Enter Sandman" der Gruppe Metallica.

Der Verlauf der Töne wird von links nach rechts gelesen, und die Zahlen geben an, in welchem Bund man den Ton spielen muss. Es gibt also keine Notennamen, sondern nur die Nummerierung der Bünde. Dadurch kann man überhaupt nicht erkennen, ob ein Ton tiefer klingt als der andere. Man kann es nur wissen, wenn man weiß, dass die tiefste Saite in der Zeichnung unten liegt. Der Rhythmus wird auch nicht notiert, denn den muss man aus dem Original heraushören. Hier wird also auf alles verzichtet, was für das Erfassen des zu spielenden Tones nicht von unbedingter Notwendigkeit ist. Menschen, die so das Gitarrespielen lernen, erfahren über die Sichtbarkeit nicht, wie ein Ton heißt und ob er höher als der andere ist oder tiefer. Auch den Rhythmus und die Spielweise müssen die Spieler über das Hören des Originals erfassen.

### Gitarrengriffe

Auch Gitarrengriffe werden nicht in Noten notiert, sondern in Griffübersichten. Hier befindet sich die tiefste Saite links, so, als ob man sich die Gitarrensaiten von vorne anschaut. Auch hier werden die Informationen auf das Sichtbare hin reduziert.

So wissen Gitarrenspieler oft nicht, dass sie die Dreiklangstöne von A-Dur, nämlich A, Cis und E, mit dem abgebildeten Griff spielen und dass sich diese Töne so verteilen: A, E, A, Cis, E.

A-Dur

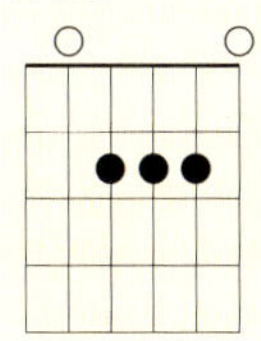

Die zweite Saite von links und die Saite ganz rechts, also die A- und die hohe E-Saite, werden leer angezupft. Die dritte, vierte und fünfte Saite von rechts werden im zweiten Bund mit drei Fingern abgedrückt. Die tiefste Saite darf nicht mit angezupft werden.

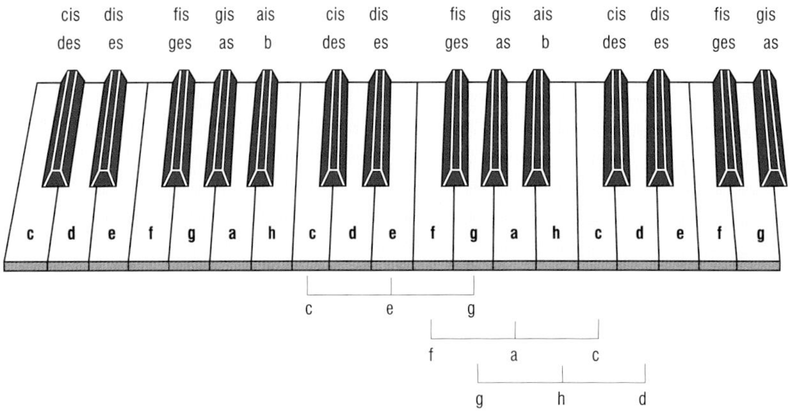


Abb. 1: Die Lage der Dreiklangstöne für C-Dur, F-Dur und G-Dur in ihrer Grundform

**Unten ist links**

Wie verändern sich die Töne des Klaviers von unten nach oben? Von links nach rechts.

Man sieht den Tasten leider nicht an, ob sie tiefer oder höher klingen, denn die verschieden dicken und langen Saiten pro Ton befinden sich im Inneren eines Klaviers, und beim Keyboard läuft ohnehin alles elektrisch.

Für eine Akkordbegleitung, die auf einem Keyboard gespielt werden soll, könnte eine analoge Schreibweise dann so aussehen, wie Abb.1 es zeigt.

Spielt man einen Dreiklang, so schlägt man drei Tasten an, die links, mittig und rechts liegen. Kehrt man alle Dreiklangstöne um, können sie mit weniger Sprüngen gespielt werden (siehe Abb. 2).

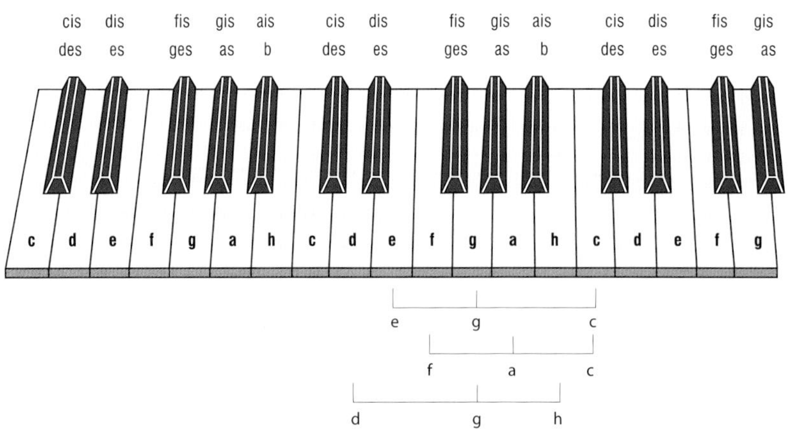


Abb. 2: Die Lage dieser Dreiklangstöne in Umkehrung

### Stabspiel-Notation

An Stabspielen kann man erkennen, ob ein Ton tiefer oder höher ist: Die Klangstäbe werden immer kürzer, je höher sie erklingen.

Stellt man das Stabspiel hochkant und notiert die Töne in der Höhe des jeweiligen Klangstabes, erhält man die der Notenschrift entsprechende Auf- und Abführung (Abb. 1).

Für die Anfänger der Musik werden manchmal Stabspiele hochkant angeordnet, und die Noten werden entsprechend den Klangstäben zugeordnet. So können die Kinder das Glockenspiel vor sich liegen haben und analog die Noten abspielen (Abb. 2).

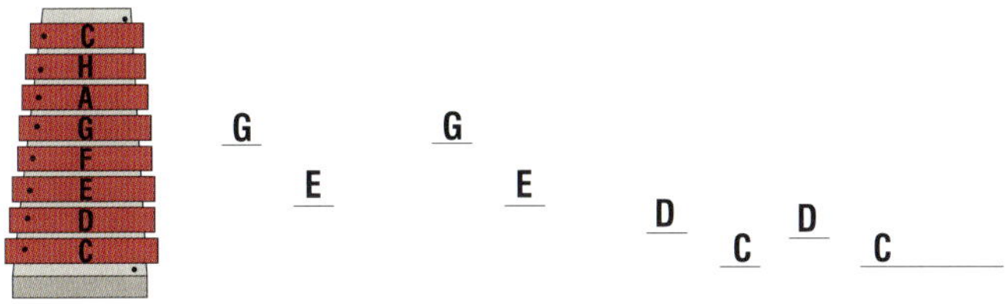


Abb. 1: Die Auf- und Abbewegungen der Töne werden sichtbar.

Abb. 2: Die Noten werden den Klangstäben zugeordnet.

## Was Parameter sind

Es gibt ein großes Spektrum schulischen Lernens, das sich an musikalischen Parametern und musiktheoretischen Fragen orientiert. Das Problem liegt hierbei nicht darin, dass der Stoff trocken und handlungsfern vermittelt wird, sondern dass die Aufgabenstellungen für Verwirrung sorgen. Kinder werden heutzutage handlungsorientiert unterrichtet. Sie hören, bewegen sich, zeichnen auf, sprechen und musizieren. Doch nehmen wir an, das Kind soll den Klangverlauf eines Musikstückes in Bewegung umsetzen, aufzeichnen oder mit Worten beschreiben; diese Aufgabe würde eine Reihe von Fehlermöglichkeiten implizieren, die nichts damit zu tun hätten, dass das Kind unmusikalisch oder nicht willens wäre, richtig zu antworten.

> *Musik wird vom menschlichen Gehirn möglicherweise in anderer Weise repräsentiert als in den Strukturen, die von der Musiktheorie vorgegeben werden.*[114]

Dieser kluge Satz kennzeichnet das Dilemma, in dem sich das Alltagslernen mit schulischem Lernen befindet. Das Alltagslernen entspricht dem menschlichen Gehirn, das musiktheoretische nicht! Doch wie kam es zu der unseligen Parameterfixierung?

### Die Parameterfalle

Aus dem Bedürfnis heraus, die Elemente der Musik benennen zu können, entwickelte man die Begriffe „Melodik", „Harmonik" und „Rhythmus", jeweils Bezeichnungen für komplexe Kategorien. Jede gilt als gleichwertiger und elementarer Grundbegriff, und gleichzeitig gehen sie ineinander über. So ist „Rhythmus" auch ein Teilaspekt von „Melodik", denn eine Melodie hat immer einen Rhythmus. Es gelang also auf diese Weise nicht, die elementaren Bestandteile der Musik klar und eindeutig zu benennen. Deshalb entwickelte sich die Idee, mit den Parametern „Tonhöhe", „Tondauer", „Lautstärke" und „Klangfarbe" Musik genauer beschreiben zu können. Gemeint waren allerdings die „eigentlichen physikalischen Elemente der Musik". Sie sollten zur „Aufdeckung der tatsächlichen Elemente beitragen".[115]

Die ersten standardisierten Musikalitätstests entwickelte 1919 der Psychologe Carl Emil Seashore, bei denen fatalerweise der Fokus auf dem differenzierten Hören einzelner Parameter lag. Seashore betrachtete sensorische Unterscheidungsfähigkeiten wie das Differenzieren von Tonhöhe und Tondauer, von Klangfarbe, Lautstärke und Rhythmus als grundlegende musikalische Fähigkeiten, die zusammen mit dem Gedächtnis für Melodie und Rhythmus die Voraussetzung für musikalisches Erleben und Verstehen bilden.[116]

Musikalische Fähigkeiten können jedoch nicht in einen direkten Zusammenhang mit den physikalischen Parametern gesetzt werden. Im Gegenteil handelt es sich bei den Parametern um psychologische Phänomene, denn Tonhöhe, Tondauer, Lautstärke und Klangfarbe bezeichnen nicht objektive, sondern subjektive Realität.

Ob ich etwas als hoch oder tief, als laut oder leise, als dunkel oder hell höre, ist weder falsch noch richtig – es ist einfach nur meine subjektive Wahrnehmung, die so entscheidet.

## Leise und trotzdem laut

Es gibt in der Musik überhaupt keine isolierbaren Parameter! Es ist eine Selbstverständlichkeit, dass alle Klangeigenschaften zusammenwirken. Dennoch werden Grundschulkinder auch in Leistungsfeststellungen immer wieder aufgefordert, Parameter zu isolieren und z. B. Lautstärkeunterschiede grafisch darzustellen. Um zu zeigen, wie unsinnig diese Aufgabenstellung für eine Bewertung sein kann, muss man sich mit dem Phänomen der Lautstärke aus der Sicht ihrer Hörer – z. B. von Schüler/-innen – beschäftigen. Dann versteht man, warum mögliche Fehler bei Lautstärkekennzeichnungen eigentlich gar keine sind.

Läuft im Radio sehr laute Musik und man stellt das Radio leiser, können andere die Musik immer noch als laut wahrnehmen. Selbst einfachste Reize ordnen wir sofort kontextabhängig ein. Dass ich die Musik als laut einstufe, auch wenn das Radio leise gestellt ist, liegt also daran, dass ich weiß, es handelt sich qualitativ um laute Musik.

Wenn ein Streichquartett sehr laut spielt, ist es leiser als ein Sinfonieorchester, das sehr laut spielt. Für beide Ensembles mag in den Noten die Bezeichnung „Fortissimo" (ff), also „sehr laut", stehen, aber dennoch klingen die beiden gleich genannten Lautstärken ganz unterschiedlich laut. Genauso klingt das Fortissimo einer Violine leiser als das einer Trompete.

Lautstärkebezeichnungen in der musikalischen Notation sind also nur relativ. Denn das Fortissimo gilt nur im Verhältnis zur vorher gespielten Lautstärke. Es stellt für einen Hörer keine Schwierigkeit dar, dynamische Unterschiede innerhalb eines Musikstückes unmittelbar zu erkennen. Man kann sich sogar an eine Lautstärke erinnern, die am Anfang eines Musikstückes zu hören war und sie vergleichen mit einer später gehörten Lautstärke desselben Musikstückes. Dies gilt jedoch nur innerhalb eines überschaubaren musikalischen Abschnittes.

Leise Musik aus dem Radio ist in der Lage, die als störend wahrgenommene Lautstärke von hereindringendem Straßenlärm zu reduzieren. Und innerhalb eines Orchesters können „relativ leise Holzblasinstrumente durch tiefere im Fortissimo spielende Blechblasinstrumente verdeckt werden".[117] Dieses Prinzip nennt man Maskierung, weil hier ein „normalerweise durchaus oberhalb der Hörschwelle liegender Ton durch einen oder mehrere andere verdeckt wird, sodass er nicht mehr wahrnehmbar ist."[118]

Es gibt auch einen Zusammenhang zwischen wahrgenommener Lautstärke und Tonhöhe: „Tiefe Töne erscheinen desto tiefer, je lauter sie sind, hohe Töne dagegen erscheinen höher mit steigendem Schalldruck."[119]

Entsprechend verfahren Kinder auf natürliche Weise mit ihrer Stimme: Kaum soll etwas leise gesungen werden, senken sie ihre Tonlage. Lautes Singen führt automatisch und ohne dass die Kinder es wahrnehmen, zu höheren Tönen und Tonlagen. Diese Prozesse sind nicht beabsichtigt, sie passieren von allein.

**Überprüfen Sie selbst:**

- Empfinden Sie die Lautstärke eines Stückes, das Sie nicht mögen, als lauter im Vergleich zu einem Stück, das Sie mögen?
- Nutzen Sie Musik, um lästige Geräusche zu überdecken?
- Wird Ihre Stimme höher, wenn sie lauter wird?
- Wird Ihre Stimme tiefer, wenn Sie leiser wird?

## Parameteraufgaben



Folgendes Beispiel aus der Praxis zeigt, wie mühevoll elf- und zwölfjährige Kinder versuchen, die Parameteraufgabe zu lösen, und wie unzufrieden sie mit ihren Ergebnissen sind, obwohl sie sehr gut arbeiten.

Die Kinder sollen drei verschiedene Stücke hören und dabei folgende Parameter schriftlich fixieren: Tonhöhe, Tondauer, Tempo, Lautstärke, Ausdruck und Artikulation. Einige Begriffe wie Tondauer, Tonhöhe und Artikulation sind schon bekannt. Nach Abschluss des Aufzeichnens beim Hören erläutert ein Kind sein Bild zu den ersten zwei Minuten aus dem ersten Satz der Sinfonie Nr. 6 „Pathétique" von Peter Tschaikowsky:

*Das hier ist meins. Ja, ich weiß, das sieht ein bisschen unordentlich aus, aber wenn man sich das mal genauer anguckt, also (...) Diese Linie sollte (...) die Tonhöhe vor allem darstellen, die Kreuze sollten die einzelnen (...) Töne darstellen. (...) Und die Zacken sollten die Tonmenge darstellen (...). Ab dem Kreuz an, wie lange das geht, und die Kreise da drum sollten darstellen, oder die Vierecke hier, wie man auch sieht (...), das sollte sozusagen die Artikulation darstellen, also wie das (...) angeschlagen wird. Das wurde ja in diesem ersten Lied hauptsächlich etwas weicher angeschlagen.*

Weder dem Lehrer noch den Mitschülern ist diese Aufzeichnung verständlich.

Der gleiche Junge fährt fort und erläutert seine Aufzeichnung zu einem Ausschnitt des Stückes „Played A-Live (The Bongo Song)" der Gruppe Safri Duo:

*Das zweite, sag ich jetzt mal im Voraus, ist das blödeste. Das ist aber auch, glaube ich, also meiner Meinung nach, am schwierigsten zu machen. (...) Diesmal brauchte ich gar keine Linie, weil da bei den Trommeln natürlich gar keine Tonhöhe vorhanden ist oder beziehungsweise konstante Tonhöhen. Und hier (...) haben meine Kreuze fast alle ein Viereck, weil das halt alles hart angeschlagen war. Hier halt bei den Trommeln und diese anderen Kreuze da drüber sollen diese andere Stimme, also diese andere Trommel, auch kennzeichnen. Da war nämlich auch noch eine zweite Trommel im Hintergrund. Die hat, glaub ich, den Grundschlag gemacht.*

*Lehrer:*
*Warum hast du, ich glaube auf jedes Kreuz, einen Accent aigu gemacht?*
*Junge:*
*Das ist mein Zeichen, genau ..., dass es besonders kurz ist.*[120]

Wenn man sich vorstellt, wie viele Einzelereignisse dieses Kind ad hoc gehört hat, wie detailliert es in der kurzen Zeit gezeichnet hat, dann steht der anscheinende Misserfolg in keinem Verhältnis zu dieser fortgeschrittenen Fähigkeit, Klangeigenschaften separat zu hören! Ihm gefällt seine Arbeit nicht, obwohl es extrem differenziert hört.

Versuchen Sie selbst einmal, beim Hören eines Musikstücks die Tonhöhe eines Instruments zu isolieren und zu bestimmen, ebenso wie die Lautstärke, die Klangfarbe und die Tonlänge.

## Klangfarben

Während die Tonhöhe durch die Anzahl der Schwingungen bestimmt ist und die Lautstärke durch den Schalldruck, setzt sich die Klangfarbe aus dem Spektrum der Obertöne und Partialtonanteile zusammen.

> *Wenn man zwei Klänge mit identischer Tonhöhe und Lautstärke als unähnlich beurteilt, liegt das an der Klangfarbe. Hier bestimmt also die Anzahl der Obertöne und die Form der Hüllkurve die Beurteilung von Klängen.*[121]

Die Obertonstruktur macht den spezifischen Klang eines Instruments aus.

Wer allerdings glaubt, es wäre einfach, den Klang einer Trompete vom Klang einer Querflöte zu unterscheiden, täuscht sich – tatsächlich werden diese beiden Klänge sogar relativ häufig verwechselt.[122] Man kann die Instrumente vor allem am Einschwingvorgang eines Tones unterscheiden, denn darin befinden sich kleine, hochfrequente Geräuschanteile, die den jeweiligen Klang spezifisch machen. Dass Flöte, Oboe, Violine und Cello auch unabhängig vom Einschwingvorgang recht gut unterschieden werden, wird auf das Vibrato des stehenden Klanges zurückgeführt.[123]

> *Bereits 1890 hat Stumpf in seiner Tonpsychologie darauf hingewiesen, dass Klangfarbe ein mehrdimensionales Merkmal ist, das durch die Adjektiv-Gegensatzpaare dunkel – hell, stumpf (weich) – scharf (rau) und voll (breit) – leer (dünn) beschrieben werden kann.*[124]

Wer Musik also mit solchen und ähnlichen Wörtern beschreibt, liegt völlig richtig!

Etwas Besonderes sei zum Thema Klangfarben noch angemerkt. Wenngleich sie für den Musikhörer von immenser Bedeutung sind, gibt es dafür kein Symbol in der Notierung von Musik.

Offensichtlich reichen die Angaben eines Komponisten für die Instrumentierung aus, um eine gewünschte Klangfarbe zu erhalten. Es ist jedoch etwas ganz anderes, als Hörer eine definierbare Auffassung davon zu gewinnen.

### Klangfarben gemalt

Menschen hören Klangfarben so verschieden, dass eine Vereinheitlichung unmöglich ist.

Das zeigen auch die folgenden Bilder von Kindern, die aufgefordert wurden, zu einer bestimmten Musik zu malen.

Dieses Bild zeigt zarte Farben und die Fantasie der aufgehenden Sonne. Alter der Zeichnerin: 11 Jahre

Stellt man Kindern die Aufgabe, die Klangfarben einer Musik zu malen, so muss man darüber hinaus mit einer kreativen Eigendynamik rechnen, die der Vorgang des Malens provoziert. Wenn Kinder bewusst zur Musik malen sollen, dann lassen sich bereits nach kurzer Zeit drei Gruppen voneinander unterscheiden:

- Gruppe 1 vernachlässigt schnell die Aufgabenstellung und verliert sich im Malen selbst. Die Musik wirkt dann nur noch im Hintergrund.
- Gruppe 2 verbindet Bildliches mit dem, was gehört wird, und malt dies auf. Auch hier wird das Malen schnell zum Selbstläufer, und die Musik gerät zur Nebensache.
- Gruppe 3 arbeitet nach Auftrag. Sie wählt Farben und Formen entsprechend ihres Höreindrucks. Diese Gruppe ist nicht besonders groß.

Obwohl hier jeweils gegenständlich gezeichnet wurde, wirken die verwendeten Farben wie Klangfarben.

Die Kombination von gegenständlicher Vorstellung, die auch farblich dem Höreindruck angepasst wird, ist die, die bei Kindern am häufigsten vorkommt.

Das Bild zeigt vier verschiedene Klangfarbenkompositionen zu vier verschiedenen Musikstücken.
Das Stück Nr. 4 klingt deutlich anders als die vorherigen drei!
Alter der Zeichnerin: 8 Jahre

Es gibt sogar Menschen, die Tonarten nach Farben hören, also als Klangfarben im wörtlichen Sinne! So schildert Oliver Sacks in seinem Buch „Der einarmige Pianist", wie der zeitgenössische Komponist Michael Torke seit frühester Kindheit und unveränderlich Tonarten in Farben sieht, z. B. ist D-Dur für ihn eindeutig blau, G-Moll ist ocker oder senffarben, D-Moll hat die Farbe von Feuerstein und Graphit und F-Moll hat eine erdige, aschfarbene Farbe.[125] Doch solche Zuweisungen sind äußerst selten. Wenn überhaupt, werden Farben intuitiv und kontextabhängig Klängen zu geordnet.

Das Bild zeigt extremes Knallrot als Gesichtsfarbe und Schwarz für alles andere. Die Musik klingt entsprechend! Der Junge verbindet mit der Musik seine Fanatasie zu „Scary Movie". Alter des Zeichners: 7 Jahre

## Das Faszinierende an Musikinstrumenten

### Das Besondere am Spiel auf Musikinstrumenten



Gibt man Kindern den Auftrag, ein Bild über Musik zu malen, werden fast immer auch Musikinstrumente gezeichnet – häufig auf einer Bühne mit Musikern. Und zwar unabhängig davon, ob das zeichnende Kind selbst ein Instrument spielt und jemals auf einer Bühne gestanden hat oder nicht. Diesen Musikinstrumenten werden auf solchen Bildern häufig Noten beigefügt, die nicht etwa darauf hinweisen sollen, dass das zeichnende Kind Noten lesen und schreiben kann, sondern die für den Klang des Instrumentes stehen.

Die Begeisterung für Instrumente lässt sich auch im Rahmen des Schulunterrichtes immer wieder feststellen, weil Kinder nicht nur am selbsttätigen Spiel auf Musikinstrumenten, sondern auch an der Beschäftigung mit allen möglichen, dem Kind nicht zugänglichen Musikinstrumenten interessiert sind. Sie schauen sich gerne Bilder von Instrumenten an, und noch lieber probieren sie welche aus. Sie lassen sich auch sehr gern Instrumente von Musikern erklären.

### Worin ist diese Faszination begründet?

Die Erfahrung, dass man durch seine eigene Motorik einem Ding Klänge entlocken kann, fasziniert. Einmal auf ein Heizungsrohr draufgehauen, und es entwickelt sich ein Klang von allumfassender Größe, als würde Aladin persönlich den Geist aus der Wunderlampe entlassen. Dabei erfährt das Kind also, dass die eigene Energie einen Klang erzeugt, der über sich selbst hinausweist. Das ist eine sehr potente Erfahrung, die sich stark anfühlt und seelisch satt macht. Daher lassen Kinder und vor allem Kleinkinder nicht davon ab, diesen Vorgang beständig zu wiederholen.

Ein Musikinstrument ist nichts anderes als ein Medium zwischen dem Spieler und dem Klang, den dieser dem Instrument entlockt. Die wundersame Klangwelt, die dadurch entsteht, hat eine ganz eigene, besondere Qualität. Dieser Vorgang macht aus einem Musikinstrument so etwas wie einen Zauberstab. Man muss ihn nur zu bedienen wissen.

Daher zeigen Kinderzeichnungen wie zum Beispiel das Bild auf der rechten Seite häufig das Musizieren auf einer Bühne. Das Podest ist hier vor allem sinnbildlich gemeint, da die Fähigkeit, einem Instrument besonders schöne Klänge zu entlocken, als herausragend interpretiert und somit „auf ein Podest gestellt" wird.

Daneben spielen die Vorbilder echter Bühnenshows eine Rolle, doch auch hier geht es um das erhabene Gefühl, wenn durch eigenes Tun Klänge von besonderer Schönheit entstehen.[126] So gilt die besondere Bewunderung demjenigen, der in der Lage ist, durch seine Musik andere zu rühren.

Nicht umsonst gilt es nach wie vor als ein Zeichen „gehobener" Schichten (oder von Familien, die sich dazugehörig fühlen wollen), wenn Kinder – unabhängig von ihrem persönlichen Interesse – ein Musikinstrument erlernen.

Doch auch „die anderen", die kein Instrument erlernen, sondern sich im gestischen Imitieren des Gitarrenspiels, beim pantomimischen Singen (nur Mundbewegungen, kein Gesang) mit nicht angeschlossenem Mikrophon oder beim pantomimischen Trommeln verausgaben, ohne selbst gehört zu werden, empfinden den Klang, den sie in ihrem Innern produzieren, als ihren eigenen.

Das Wohlgefühl, das sich in solchen musikalischen Aktivitäten einstellt, erklärt sich also auch durch die Kombination mit der körperlichen Bewegung.

## Gemeinsames Musizieren

Das Spielen eines Instruments erfährt eine besondere Qualität im gemeinsamen Musizieren. Denn auch hier gilt – wie so oft: Beim gemeinsamen Musizieren erlebt man an der Musik viel mehr als die Summe ihrer Einzelteile. Der gemeinsame Groove, die Mehrstimmigkeit, die Harmonik, der Zusammenklang tief, höher und hoch klingender Töne und die verschiedenen beteiligten Instrumentenklänge einschließlich des Singens schaffen ein sattes Klanggewebe. Dazu kommt die gemeinsame motorische Aktivität, die – einem Gruppensport gleich – für eine spezielle Dynamik sorgt. Daher sollten Musik unterrichtende Lehrkräfte besonders darin geschult und ermutigt werden, gemeinsames Musizieren an Instrumenten zu ermöglichen.

Dazu muss man nicht Musik studiert haben oder selbst als Musiker aktiv sein. (Es schadet natürlich auch nicht!) Gefordert sind Kenntnisse und/oder Erfahrungen in der einfachsten Form der Handhabung des vorhandenen Instrumentariums, im Halten des Grundschlages, und im Hören verschiedener Stimmen, wie Rhythmus plus Melodie oder Rhythmus plus Melodie plus Begleitstimme. Anfänger beginnen mit der Anleitung von zwei Stimmen und fügen je nach subjektiver Sicherheit mit der Zeit mehr und mehr Stimmen hinzu.

Finja, 10 Jahre

## KAPITEL 6

# Der „heimliche Lehrplan“

Manchmal suchen wir so lange den Schlüssel zum Glück, bis wir entdecken, dass er steckt.

Jochen Mariss

Der Urheber dieses weisen Spruches hat, als er ihn niederschrieb, sicher nicht an Schuldidaktik oder Musikunterricht gedacht. Und doch lässt er sich auch auf das Berufsleben im Allgemeinen und nicht zuletzt auf den Beruf des Musikpädagogen anwenden. Vielleicht verbindet kaum ein Musiklehrer seine Tätigkeit mit Glück, doch andersherum sieht man viele unglückliche Lehrer: überfordert, resigniert, krank. Daher kann es sich lohnen zu prüfen, ob nicht bereits Möglichkeiten der Erleichterung vorhanden sind, auf die „nur“ zurückgegriffen werden muss. Dass der Schlüssel bereits steckt, erkennt man womöglich durch einen neuen Blickwinkel. Schauen wir also, wie dadurch die Arbeit des Lehrers erleichtert und effektiviert werden kann.

### Der „heimliche Lehrplan“ im Grundschulalter

Der „heimliche Lehrplan“ bezeichnet die Art des Lernens, die Kinder von sich aus praktizieren. Dieses Lernen folgt einer eigenen Systematik und ist insofern berechtigt, Lehrplan genannt zu werden. Heimlich ist dieser Lehrplan nur deswegen, weil ihn die Musikpädagogik nicht zur Kenntnis nimmt oder sich ihm bewusst verweigert, um ihren eigenen „durchzuziehen“. Allerdings gibt es sehr viele Lehrkräfte, die sich diesem „Lehrplan“ in der Praxis anpassen und damit sehr guten Unterricht machen.

### Leben und Lernen mit Musik

Kinder lernen mit und durch Musik, weil Musik eine Bedeutung in ihrem eigenen Leben hat. Vom ersten gehörten Ton an entwickeln sie ein aktives Verhältnis zur Musik, erleben sich selbst als tanzende, singende und musizierende Menschen. Musik wirkt jedoch auch unbewusst, besitzt also einen direkten Zugang zur Innenwelt des Kindes.

Da jede Musikrezeption etwas über den Rezipienten aussagt, lernen Kinder auch ihre Familien und ihre kommunikative Umgebung auf besondere Weise über deren Umgang mit Musik kennen, was wiederum Auswirkungen auf ihr eigenes Verhalten hat. Der Umgang von Kindern mit Musik ist daher immer im Kontext ihrer Aneignung der sie umgebenden Wirklichkeit zu sehen.

Wenn ein Kind z. B. formuliert, „ohne Musik wäre alles so stressig“, dann nutzt es Musik ganz bewusst als notwendiges Mittel zur eigenen Lebensbewältigung. Diese Bedeutung von Musik im eigenen Leben ist der Motor, der Kinder zum Lernen von Musik antreibt. Lernen steht hier gleichbedeutend für eine aktive Auseinandersetzung mit Musik, in der von ganz allein das Bedürfnis nach Weiterentwicklung und Verbesserung entsteht. „Die intrinsische Motivation und der Selbstzweck von Musik schließlich bilden das auffälligste und anschaulichste Merkmal musikalischen Handelns“[127], schreibt der Pädagoge Rolf Oerter. Daraus entsteht der „heimliche Lehrplan“, der sich in fünf Aktionsbereiche strukturieren lässt.

## Aktionsbereiche innerhalb des „heimlichen Lehrplans“

Was Kinder von sich aus tun, wenn sie mit Musik umgehen, lässt sich in die fünf Aktionsbereiche Singen, Tanzen, Hören, Musikinstrumente spielen und Musik erfinden einteilen. Hier finden wir den Fundus, aus dem heraus musikalische Aktivitäten entstehen können. Wer Unterrichtseinheiten vorbereitet oder eine sinnvolle musikalische Unterstützung für sein Kind finden möchte, kann anhand der Auflistung überprüfen, ob die genannten Aspekte ernst genommen und angemessen berücksichtigt werden.

**Singen**
- für sich selbst
- mit anderen
- zum Spaß
- ernsthaft, um eine beliebte Melodie nachsingen zu können
- im Sinne eines Rollenspiels
- mit viel Üben, um etwas vorzutragen

**Tanzen**
- für sich selbst
- mit anderen
- zum Spaß
- ernsthaft, um eine gewünschte Bewegungsart oder -folge zu einer bestimmten Musik zu erlernen
- im Sinne eines positiven Körpergefühls
- für die Überwindung eigener Schüchternheit und Verletzbarkeit
- mit viel Üben, um etwas vorzutragen

**Hören – allein:**
- sich selbst spüren
- Träume über die eigene Zukunft entwickeln
- Fantasiegeschichten entstehen lassen
- bewusst hören, um das Gehörte selbst singen oder musizieren zu können
- das, was man selbst spielen oder singen will, wiederholend hören

**Hören – mit anderen:**
- das Gruppengefühl stärken
- Auseinandersetzungen über Rollenklischees führen
- einen gemeinsamen Fundus an Unterhaltungsmaterial erstellen
- sich austauschen über das, was gern gehört wird
- Informationen beschaffen zu dem, was gern gehört wird
- gemeinsam Geschichten über den Inhalt eines Musikstückes entstehen lassen (das klingt wie …)

**Musikinstrumente spielen**
- imitieren (bevorzugt Schlagzeug, Singen mit Mikrophon und E-Gitarre)
- lernen, ein Instrument zu spielen
- Rhythmen erzeugen auf allen möglichen Alltagsgegenständen
- Dingen Klänge entlocken
- Instrumente ausprobieren

**Musik erfinden**
- der Fantasie freien Lauf lassen
- für sich selbst und mit anderen
- ergebnisorientiert spielen
- Regeln erstellen, Prozesse bewusst eingehen
- üben und vortragen

## Methoden innerhalb des „heimlichen Lehrplans“

Die fünf genannten hauptsächlichen Aktivitätsbereiche werden erarbeitet:

- im Spiel
- durch die Nutzung von Medien aller Art
- in der Anleitung durch ältere Kinder und Erwachsene außerhalb und innerhalb von pädagogischen Institutionen.

Die Befriedigung des Bedürfnisses, Musik aktiv für sich zu nutzen, folgt einer klaren methodischen Maxime: je kürzer der Weg, desto besser. Im Prinzip werden dafür vor allem analoge Aneignungsformen gewählt. Wie diese kindlichen Methoden im Wesentlichen aussehen, wird im Folgenden beschrieben.

### Für das Singen

Die Lieder, die Kinder gerne singen, werden sehr oft gesungen und wenn möglich dabei gehört. Werden Lieder aus den Medien nachgesungen, so geht es oft auch um den Ausdrucksgehalt der Musik, das Timbre der Stimme und die Haltung der Sängerin oder des Sängers, die die Kinder nachempfinden. Schwierige Melodielinien nach oben oder unten werden oft diesem Ziel untergeordnet und innerhalb einer mittleren Stimmlage begradigt. Es gibt Kinder, die bevorzugt allein singen und für sich zu Hause üben, andere brauchen die Gemeinschaft, um Spaß am Singen zu haben. Vor allem beim Vorsingen brauchen die meisten Kinder einen Partner oder eine Gruppe, die mitsingt.

*Kurz gefasst lautet die Methode: singen lernen durch Hören und viele Wiederholungen.*

### Für das Tanzen

Das Tanzen entspricht zunächst einem allgemeinen Bewegungsbedürfnis. Es wird nicht nachgedacht, welche Tanzbewegungen gemacht werden. Viele Kinder haben den Wunsch, bestimmte Bewegungen aus der Jugend- und Erwachsenenwelt zu trainieren. Das betrifft vor allem den Breakdance und Tanzstile weiblicher Popstars. Tanzende Sängerinnen wie Beyoncé werden dafür auf Videos ebenso genau beobachtet wie Breakdancer. Den Haupteinfluss auf kindliche Tanztrainings haben jedoch ältere Geschwister oder Jugendliche aus der Nachbarschaft. Auch Tanzbewegungen, die die Mutter spontan im Alltag zu Musik macht oder die in der Familie präsent sind, werden von Kindern gerne aufgegriffen. Wann immer jüngere Kinder die Gelegenheit bekommen, ahmen sie gesehene Bewegungen nach und üben sie für sich allein oder mit Freunden. Das wird zum Teil ausgiebig betrieben, denn bis gemeinsame Tanzschritte erarbeitet sind, dauert es sehr lange. Und natürlich fallen Bewegungen zu einem türkischen Popstück in der Regel ganz anders aus als die zu einem R&B-Stück.

Vorführungen werden immer in der Gruppe gemacht. Dafür wird sogar besonders intensiv geübt. In diesem Zusammenhang kann es auch vorkommen, dass ein Styling stattfindet, dass die Gruppe sich also auf einheitliche Kleidung einigt. Dafür brauchen die Kinder – auch Jungen! – dann viel Zeit, denn die Außendarstellung spielt hier eine große Rolle.

*Diese Methode lautet: abgucken, viel üben und ggf. vorführen.*

### Für das Hören

Das selbstbestimmte Hören für sich allein unterliegt keiner Methode, wenn es um den freien Lauf der Fantasie geht. Hören Kinder jedoch, um eine Melodie nachzusingen, beschränken sie sich auf musikalisch anregende Liedteile. Dazu reicht oft der Refrain, weil er am prägnantesten im Ohr liegt. Dann folgen musikalisch oder textlich besonders eingängige Teile wie die erste Strophe und/oder ein prägnanter Zwischenteil. Selten wird ein Lied mit allen Liedteilen vollständig erfasst.

**Beispiel:**

Der Anfang des Liedes „Probier's mal mit Gemütlichkeit" wird sehr schnell gelernt und gern gesungen, weil Text und Melodie als Einheit besonders eingängig sind, denn die Melodie zu diesen Worten befindet sich nah am natürlichen Sprechklang. Dieser Sprechklang wird hier rhythmisch und melodisch so „in Form gebracht", dass ein „auf der Zunge liegender" Liedbeginn entsteht. Der Mittelteil des Liedes („was soll ich woanders ...") ist so kompliziert, dass er von allein nicht gesungen wird, der Schluss dagegen („denn mit Gemütlichkeit kommt auch das Glück zu dir") lässt sich wegen seiner Eingängigkeit wieder gut singen und daher schnell lernen.

*Die Methode, durch das Hören zum Singen zu kommen, lautet kurz gefasst: reduzieren auf das musikalisch Wesentliche.*

### Für das Musizieren an Musikinstrumenten

**Abgucken**

Wollen Kinder eine vorgegebene Stimme auf einem Musikinstrument erlernen, gilt als Erstes die Methode „abgucken". Sie beobachten bei Tasteninstrumenten, wo die Finger liegen, bevor sie sich die Namen der Töne merken. Sie schauen genau hin, wenn ihnen etwas auf dem Xylophon vorgespielt wird, merken sich die Lage der Klangstäbe, die Anzahl der darauf zu spielenden Schläge und die Folge von Tönen. Die Gedächtnisfähigkeit auch in Bezug auf das räumliche Denken wird dabei hochgradig in Anspruch genommen, wobei es nicht wichtig ist, ob die Finger oder die Hände effektiv eingesetzt werden. So kann es sein, dass auf dem Klavier bzw. Keyboard ein eher anstrengend wirkender Fingersatz dem „richtigen" Klavierspielen vorgezogen wird, weil dies praktikabler erscheint. Für die Merkfähigkeit hat jedes Kind sein eigenes System – zum Teil benötigt es skurrile Fingerpositionen, um sich die Lage der zu spielenden Töne und deren Abfolge gut merken zu können.

**Beispiel**:

Der Anfang der Melodie des Klavierstückes „Für Elise" von Ludwig van Beethoven wird gerne gespielt – unabhängig von dem dafür vorgesehenen Fingersatz.

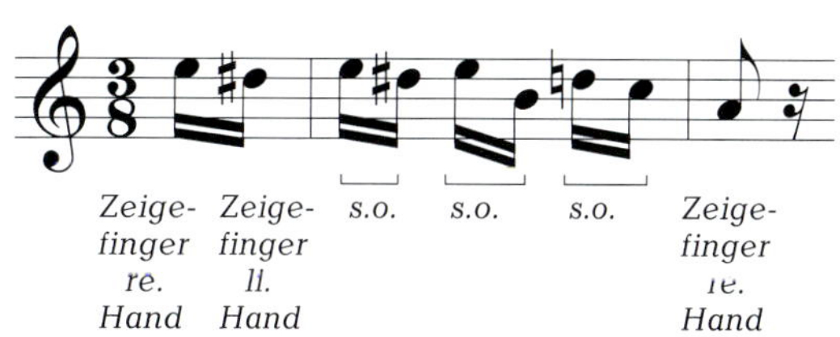

### Töne zählen

Will eine Folge von Basstönen bewältigt werden, merken sich Kinder die Anzahl der Töne unabhängig von deren Position innerhalb der Takte im Stück.

**Beispiel:**
A-A-A-A- D-D-D-D- E-E-E-E- A-A-A-A- mit mehrfacher Wiederholung. Daraus ergeben sich:
4 x A, 4 x D, 4 x E, 4 x A.
Doch meistens werden die letzten vier Töne A als die ersten vier gesehen, sodass völlig falsch gespielt wird:
4 x A, 4 x D, 4 x E, 4 x A, 4 x D, 4 x E usw.
Nach erfolgter Korrektur durch die Lehrerin wird dann hoffentlich besser gezählt:
4 x A, 4 x D, 4 x E, 8 x A, 4 x D, 4 x E, 8 x A usw.

Diese Zählweise führt zwar zu korrektem Spiel, durchkreuzt jedoch das metrische Gefühl, das sich an vier Takten als einer Einheit orientiert.

Das ist Kindern während des Aneignungsprozesses jedoch völlig egal. Es geht um das richtige Ergebnis ohne Umschweife. Je häufiger musiziert wird, desto einleuchtender erscheint den Kindern die Einteilung in die musikalischen Einheiten, wie z.B. vier Takte. Sie beginnen, in diesen Einheiten zu denken und zu fühlen, und daran passt sich ihr Spiel automatisch an.

### Tonnamen treffen

Von allein beachten Kinder keine Tonlagen. Stehen unter den Noten die Tonnamen, werden sie gespielt, wo sie zu finden sind.

**Beispiel:**
Die Bassbegleitung zum Lied „Ich lieb' den Frühling":
Statt g, e, a, d wird gern g, e", a, d" gespielt.
Wie es im Detail klingt, ist egal, Hauptsache, die Töne stimmen.

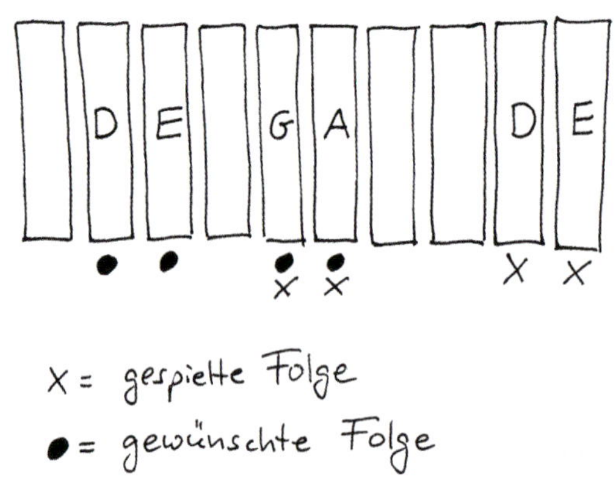

### Rhythmen nachspielen

Rhythmen werden nur über das Hören erlernt. Erfolgreich sind Sprechunterstützungen in Form von Worten („Ba-na-ne" = kurz-lang-kurz oder Klangsilben „bum tschak bum bum tschak" = lang-kurz-kurz-lang-lang) und viele Sprechwiederholungen, bis der neue Rhythmus erlernt ist.

**Beispiel:**

Der Begleitungsrhythmus des bei Kindern sehr beliebten Liedes „Stadt" von Cassandra Steen hat eine mitreißende Energie. Er wird nur getrommelt, also nicht auf einem Schlagzeug gespielt, und bietet sich daher für die in der Schule zur Verfügung stehenden Rhythmusinstrumente an. Auf den ersten Blick scheint der Rhythmus zu schwer zu sein, um ihn selbst zu spielen. Doch mit dem Sprechrhythmus stellt dies kein Problem mehr dar.

### Buchstaben – Notation

Erst wenn eine Stimme möglichst durch Abgucken und Nachspielen sowie das Zählen und Treffen der Töne erfasst wurde, dienen Buchstabennoten als Gedächtnisstütze für bereits Erlerntes. Es kommt sogar immer wieder vor, dass Grundschulkinder sich von selbst Tonfolgen oder Rhythmen auf eigene Weise notieren, falls die Lehrkraft ohne Aufzeichnung gearbeitet hat.

*Die Methode lautet: abgucken, nachspielen, zählen und treffen.*

### Für das Musikerfinden

Wie bereits ausgeführt wurde, lieben Kinder es, Musikinstrumenten und anderen Dingen Klänge zu entlocken. In Kombination mit ihrer Fantasie und ihren Hörerfahrungen (z. B. durch Filmmusik), ihrem Spieltrieb und ihrem Gemeinschaftsgefühl entwickeln sich daraus in Gruppen Klanggeschichten. Die Kreativität der Kinder ist dabei umso größer, je freiwilliger der Gruppenprozess stattfindet und je sinnvoller der Rahmen ist. Ist eine gute Gruppendynamik vorhanden, entstehen die fantastischsten Klangkombinationen und Geschichten einschließlich eigenwilliger Performances. Es ist ein Spiel, ein Spiel unter Kindern.

Solche Geschichten werden auch gerne vorgetragen. Dafür muss die Eigenkomposition gut durchdacht und das Gruppenverhalten diszipliniert sein. Die Rollen werden gegenseitig abgestimmt, der Ablauf muss feststehen und eingeübt werden. Aus dem Spaß am Spiel wird plötzlich die Herausforderung der Darstellung. Doch auch hier bleibt der Spielcharakter erhalten.

*Die Methode für das Erfinden von Klangmusik lautet demnach: spielen!*

## Unterricht nach dem „heimlichen Lehrplan“

Die Wirkung ästhetischer Erfahrung ist der direkten Beobachtung entzogen. Was individuell über Musik verarbeitet wird, ist nicht einmal dem Subjekt wirklich bewusst.[128]



Manchmal geht die Saat, die in der Grundschule an positiven Erfahrungen mit Musik gelegt wurde, erst Jahre später auf, weil der Reifungsprozess diese Zeit brauchte oder die Bedingungen zwischenzeitlich zu ungünstig waren. Wenn das Bedürfnis, Musik zu machen, wieder auftaucht und man dann an eine Erfahrung anknüpfen kann, in der die eigene Musikalität nach selbst gesetzten Maßstäben entwickelt wurde, kann man das Pflänzchen oft sehr leicht zum Blühen bringen. Entscheidend ist, dass die Musik und das Musikmachen im Selbstkonzept einen sicheren, entwicklungsoffenen Platz einnehmen.

Im Umgang mit Musik gibt es kein einheitliches Input-Output-Verfahren: Was wir als Erwachsene mit noch so viel Engagement an Input investieren, muss nicht zu einem Output im Sinne von erkennbaren Ergebnissen führen. Wenn wir systematischen Lernstoff in der Hoffnung vermitteln, dass ein musikbegeisterter Schüler dabei herauskommt, der genau dieses erworbene Wissen anwendet, dann gibt es dafür keinerlei Garantie.

Stattdessen muss respektiert werden, dass musikalische Bildung ein zutiefst subjektiver Prozess ist, den wir als Erwachsenen nicht steuern, sondern begleiten sollten. Dabei steht die für den „heimlichen Lehrplan“ beschriebene Vielfalt und Intensität des Umgehens von Kindern mit Musik im Mittelpunkt. Wann immer also ein Kind musikalisch aktiv wird, gilt es, dem Kind hierin mit Offenheit zu begegnen, sich anzuschauen, wie und was es mit der Musik tut und es dann darin zu unterstützen.

Viele Erwachsene (und infolgedessen auch so manche Kinder) machen Musikalität daran fest, ob ein Kind ein Instrument spielen kann und Noten lesen lernt. Doch es gibt auf diese Weise Musizierende, die sehr wenig von der Musik erleben, die sie machen. Sie spielen einfach irgendetwas. Und es gibt Kinder, die musikalisch sehr begabt sind und nur durch die Schule die Möglichkeit erhalten können, auf Instrumenten zu spielen. Musikalität ist nicht zuletzt die Fähigkeit, Musik erleben zu können, d.h. beim Musikhören und Musizieren Gefühle zu aktualisieren. Gerade das Musikhören wird im Musikerleben zu einem aktiven Gestalten des wahrgenommenen Klanges. Und wenn das Kind diese natürliche Musikalität besitzt, gibt es unzählige Möglichkeiten ihrer Ausgestaltung!

Die Arbeit von Musikpädagogen sollte sich daher an der Maxime orientieren, dass jedes Kind die Chance erhalten muss, seine musikalische Seite kennenzulernen.

## Schülerwünsche im Musikunterricht

Noch als Studentin an der Universität Oldenburg startete Jenny Bauer 2008 einen Unterrichtsversuch in einer dritten Grundschulklasse, in dem die Schülerwünsche im Mittelpunkt des Unterrichts standen.

Um eine Anschauung davon zu geben, wie ein solcher Ansatz konkret umgesetzt werden könnte, im Folgenden ein Bericht über diese exemplarische Unterrichtseinheit.

### Die Vorbereitung

Zuerst einmal hielten die Kinder ihre Wünsche auf Ideenkarten fest. Genannt wurden Gruppenarbeit, Instrumente spielen, Musik nachspielen, fremde Musik auf ihre Instrumente hin hören, eigene Gruppen zusammenstellen, Musik erfinden, ein Fußballspiel mit Instrumenten darstellen, Bewegungen zu selbst ausgedachter Musik erfinden und Instrumente wie Rasseln oder Trommeln bauen.[129] Es wurden also keine Vorschläge gemacht, aus denen die Kinder aussuchen konnten, sondern es konnte frei formuliert werden.

### Konkrete Musikwünsche

Die Schüler/-innen nannten an konkreten Musikwünschen einige Songs der Gruppe beFour, „54, 74, 90, 2010" (Sportfreunde Stiller), sowie „Hsm1" und „Hsm2" (= „High School Musical" 1 und 2). Nach Sammlung der Ideen fand eine Abstimmung darüber statt, was vorrangig den Unterricht bestimmen sollte. 91 % der Befragten wollten „eigene Gruppen zusammenstellen", 83 % wollten „Musik erfinden", und 70 % wünschten sich das Lied „54, 74, 90, 2010".[130] Doch auch „sich zu selbst ausgedachter Musik bewegen" fand mit 43 % und „Instrumente bauen" mit 35 % größere Zustimmung.

Daraufhin wurde die Frage gestellt, wie die nächsten Unterrichtsstunden konkret aussehen sollten. Die Schüler/-innen kombinierten sofort und entschieden, dass Gruppen gebildet werden, die Musik erfinden und sich zu selbst ausgedachter Musik bewegen. Mit dem genannten Hit „54, 74, 90, 2010" wollten sie „irgendetwas machen" wie spielen oder singen.[131] Der Trommelbau wurde auf Wunsch der Lehrerin hinten angestellt.

### Die Entscheidung

Auf diese Weise entschied sich die Klasse für zwei Unterrichtseinheiten:

1. Musik erfinden
2. etwas zum Lied „54, 74, 90, 2010" machen.

### Musik erfinden

Für die erste Unterrichtseinheit hatten die Schüler „sowohl auf der inhaltlichen als auch auf der methodischen Ebene schon sehr genau definiert, was sie machen wollten. Sie wollten selbst Gruppen bilden und in diesen Gruppen Musik erfinden, wobei sich einige Schüler auch gleichzeitig Bewegungen oder einen Tanz dazu ausdenken wollten."[132] Die selbst gewählten Themen der Gruppen, zu der sie Musik erfanden, lauteten „Fußball", „Sonnenuntergang", „Schlangengeschichten" und „Schwertkampf".[133]

Alle Gruppen kamen zu Ergebnissen, die sie auch vorführten. In der Auswertung wurde gefragt, was sie ihrer Ansicht nach gelernt hätten. Eine Schülerin sagte, dass dies eine gute Vorbereitung gewesen wäre, um später eine Band zu gründen und selbst Musik zu machen. Sogar das Notenlesen wurde gelernt – und zwar ganz ohne Noten: „Ein anderer Schüler gab an, Noten gelernt zu haben, was zunächst sehr überraschte, da in dieser Gruppe keine Noten angewandt wurden. Der Schüler erklärte, dass er sich die Notennamen beim Spielen auf dem Xylophon während der Gruppenarbeitsphase eingeprägt habe und nun wisse, wo welche Note liege."[134]

### Das Lied „54, 74, 90, 2010"

Für die zweite Unterrichtseinheit über das Lied entschied sich die Lehrerin, dem Bedürfnis der Kinder, das Lied „zu machen", entgegenzukommen und mit dem Refrain zu beginnen. Durch frontale Anleitung sollte es gelingen, „die typische Zusammensetzung eines Rock-Pop-Songs nachzuvollziehen, indem sie den Refrain des Liedes ‚54, 74, 90, 2010' in vereinfachter Weise selbst musizieren und zuvor sich in Gruppen mit den verschiedenen Parts wie Bassbegleitung, Schlagzeugbeat, Akkorde und Melodie befassen."[135]

Nun lernten die Kinder den Schlagzeugbeat im simplen Standard zuerst einmal „trocken", also ohne Drumset zu spielen. Wem der Beat gelang, durfte an das Schlagzeug. Ein Schüler, der Schlagzeugunterricht hatte, gab als Experte Hilfestellungen. Ein Arbeitsblatt über die Schlagzeugteile rundete die Stunde ab.

### Stationen

Als Nächstes wurden Stationen eingerichtet: für den Bass (Basstöne am Keyboard spielen), die Akkorde (drei Töne werden von drei Schüler/innen gleichzeitig auf Metallophonen gespielt) und die Melodie (der Anfang der Melodie wird auf einem Xylophon eingeübt). An diesen Stationen lagen Aufgabenkarten bereit und die Schüler/-innen arbeiteten selbstständig.[136]

### Aufgabe für die Bass-Station[137]:

- Übt den Bass zu „54, 74, 90, 2010“ auf dem Keyboard. Ihr könnt dort den Bassklang einstellen.
- Ihr könnt den Bass auch auf den Bassklangbausteinen spielen.

**Zusatz:** Versucht, auf dem Keyboard die Akkorde zu spielen.

#### Bass

| | | | | | | | | | | | | | | | |
|---|---|---|---|---|---|---|---|---|---|---|---|---|---|---|---|
| | | | | | | | | C | | | | F | | | |
| Eins | und | zwei | und | drei | und | vier- | und- | fünfzig, | vier-und | -siebzig, | neunzig, | zwei- | tausend- | zehn, | ja so |
| C | | | | G | | | | C | | | | F | | | |
| stimmen | wir | al-le | | ein. | | | Mit dem | Herz | in der | Hand | und der | Lei-den- | schaft im | Bein | wer-den |

| | | | | | | | |
|---|---|---|---|---|---|---|---|
| C | | G | | C | | | |
| wir | Welt- | meis- | ter | sein. | | | |

### Aufgabe zum Melodiespielen:

- Übt den Anfang der Melodie (bis „zweitausendzehn“) zu „54, 74, 90, 2010“ auf dem Xylophon!

**Zusatz:** Übt die Melodie weiter!

#### Melodie

| | | | | | | | | | | | | | | | |
|---|---|---|---|---|---|---|---|---|---|---|---|---|---|---|---|
| | | | | | | C | D | EE | EE | EE | DC | D | DC | A | CD |
| Eins | und | zwei | und | drei | und | vier- | und- | fünfzig, | vier-und | -siebzig, | neunzig, | zwei- | tausend- | zehn, | ja so |
| EG | G | GE | | D | | | CD | E | EE | E | DC | DD | DC | A | CD |
| stimmen | wir | al-le | | ein. | | | Mit dem | Herz | in der | Hand | und der | Lei-den- | schaft im | Bein | wer-den |

| | | | | | | | |
|---|---|---|---|---|---|---|---|
| E | G | D | E | C | | | |
| wir | Welt- | meis- | ter | sein. | | | |

### Gemeinsames Musizieren

Durch die Erfahrungen an den Stationen wussten die Kinder nun, was sie beim gemeinsamen Musizieren am liebsten tun wollten. Es gab die Auswahl der „unbedingt zu besetzenden Parts (Schlagzeug, Bass, Gesang und Akkordbegleitung) und die freiwillig zusätzlich zu besetzenden Parts".[138] Nun wurde unter Anleitung gemeinsam der Refrain musiziert.

### Die Auswertung

In der Auswertung dieser Unterrichtseinheit schreibt die Studentin: „Das Einstimmen des Liedes ‚54, 74, 90, 2010' zu Stundenbeginn wurde von den Kindern begeistert aufgenommen, und sie sangen spontan mit, was bei dieser ansonsten nicht immer singfreudigen Klasse ein sehr schönes Erlebnis war." Dabei beobachtete sie, „wie einige Kinder sich von sich aus in die Sängerhaltung begeben, auf die vordere Stuhlkante rücken und sich aufrichten. Manche Schüler bewegen sich spontan zum Lied. Einige Schüler sind noch überrascht, dass ich dieses von ihnen gewünschte Lied nun wirklich im Musikunterricht anstimme und es mit der Mitbestimmung am Unterrichtsgeschehen ernst meine. Ein Schüler strahlt und äußert leise flüsternd zu seinem Nachbarn: ‚Krass!', während das Lied gesungen wird."[139]

Auch die Schüler selbst evaluierten im Anschluss den Unterrichtsversuch, indem sie die Erfahrungen mit „sehr gut", „gut", „weniger gut" und „gar nicht gut" bewerteten und eine Begründung schrieben. Von 22 Schülern kreuzten 19 „sehr gut" an.

### Schüleräußerungen

In den Begründungen finden sich solche Formulierungen:

„Weil wir ein Lied hatten was wir bearbeitet haben und mal was machen, was wir selber wollen."
„Weil wir am Schluss wie in einer richtigen Band Musik gemacht haben."

Auf die Frage, was sie beim Musikerfinden gut fanden:

„Das wir selber wie Mozart Musik erfunden haben."
„Dass wir uns aussuchen können, was wir machen wollen."
„Das wir die Grupen alein auswelen durften."
„Das wir Gruppenarbeit gemacht haben."
„Weil wir nach Klassenwunsch entschieden haben, was wir wollen."

Auf die Frage, was sie bei den Musikstunden zum Lied „54, 74 ..." gut fanden:

„Weil wir fremde instomente spilen konne."
„Weil es eins von meinen liblings lieder ist."
„Weil mier hat es spasgemacht, Kibot zu spillen."
„Das jedes Kind die schangze hate die Musikalische Seite von sich kännen zu lernen."

Auf die Frage „Was meinst du, hast du gelernt?":

„Mit dem Schlachzeug zu spielen."
„Auch mit anderen Instrumenten um zu gehen"
„Gruppen selbst entscheiden"
„Ales habe ich gelernt."

Auf die Frage, wie der Musikunterricht nach Meinung der Kinder in Zukunft aussehen soll, werden sowohl die Bedürfnisse nach eigener Entscheidung und Gruppenarbeit wie auch nach dem Spielen von Musikinstrumenten und dem Nachspielen beliebter Lieder formuliert. Den Kindern ist das WIE des Unterrichts also genauso wichtig wie das WAS![140]

## „Alles haben wir gelernt“

Viele Lehrkräfte unterrichten – bewusst oder unbewusst – nach dem „heimlichen Lehrplan“. Sie haben eine natürliche und aufmerksame Nähe zu den Kindern, die sie unterrichten. Daher realisieren sie, auf welche Weise die Kinder am besten lernen und richten ihren Unterricht entsprechend aus.

In dem oben beschriebenen Unterrichtsversuch vertraut die angehende Lehrerin auf die Fähigkeit von Kindern, ihren Lernprozess selbst zu steuern. Und das zu Recht, denn die Kinder nutzen die Chance ohne Umschweife und kreieren ihren eigenen Unterricht. Auch im Frontalunterricht wendet die Lehrerin viele Gesetze des „heimlichen Lehrplans“ an: Reduzierung auf den Refrain, häufiges Wiederholen (als Ritual sangen alle das Lied bei jedem Unterrichtsbeginn), Schlagzeuglernen durch Anschauen und Nachmachen, Noten in Buchstaben und immer bezogen auf den Text usw.

Die Kinder wählen nicht umsonst das Musikerfinden als Unterrichtseinheit. Denn so können sie sowohl ihre Bedürfnisse nach eigenständiger Tätigkeit als auch nach dem gemeinsamen Tun, nach dem freien Spiel der Fantasie ebenso wie nach dem Spiel auf Instrumenten befriedigen. Das dadurch entstehende Wohlgefühl drückt sich sogar im Vergleich des eigenen Tuns mit einem großen Namen aus: „wie Mozart“!

Auch die Formulierung der Lerneffekte zeigt, wie wichtig den Kindern das Gruppengefühl (= Vorbereitung zur Gründung einer Band) und die sich in der Gruppe entfaltende Dynamik ist. Auch das „Notenlernen“ folgt der kindlichen Logik: „Notenlernen“ ist gleichbedeutend mit dem Wissen darüber, WO die jeweilige Note gespielt werden muss. Und recht hat der Schüler! Das Lesen von Noten ist schließlich kein Selbstzweck. Noten sind Zeichen für Töne. Und die hat der Schüler zu spielen gelernt.

Aufschlussreich ist der Bericht der Lehrerin über das erstmalige Singen des gewünschten Liedes „54, 74, 90, 2010“: Da ist Begeisterung pur, denn alle singen mit. Manche nehmen spontan Singhaltungen ein, damit sie besser singen können. Andere bewegen sich, und manche können vor lauter Glück kaum singen. Auf diese einfache Weise, nämlich ausschließlich durch das Ernstnehmen kindlicher Musikbedürfnisse, entsteht eine intensive Arbeitsatmosphäre zum Erlernen mehrerer Begleitstimmen auf verschiedenen Instrumenten. Dass Schüler hierbei auch noch als Experten bzw. Co-Lehrer fungieren, kommt wie selbstverständlich hinzu.

Im Feedback äußern sich die Kinder immer wieder positiv über zwei Erfahrungen, die ihnen wichtig waren:

- Sie genießen es, in Gruppen und selbstbestimmt zu arbeiten. Sie wissen es zu schätzen, wenn ihre eigenen Bedürfnisse das Lernen bestimmen und wenn sie einen demokratischen Konsens herstellen dürfen. Kurz: wenn sie als Subjekt des Unterrichts ernst genommen werden.
- Sie genießen es, musikalisch wirklich aktiv zu sein mit Musik, die sie mögen. So äußern sie sich zufrieden darüber, dass sie singen durften,[141] dass es ihr Lieblingslied war, dass sie Instrumente spielen durften und dass sie zusammengespielt haben [142].

Ein Kind spricht aus, was hier passiert ist: „Alles habe ich gelernt.“[143]

## KAPITEL 7
# Hindernisse für das natürliche Lernen



### Richtlinien und „Fachidioten"

#### Hindernis Nr. 1: Der Systematik des Faches folgen

> *Formales schulisches Lernen stellt den lernpsychologisch und -biologisch sinnvollen Prozess oft auf den Kopf. Wir folgen mit dem Lernen nicht dem psychologischen und physiologischen Entwicklungsverlauf des Kindes, sondern allzu oft der Systematik des Faches.*[144]

Hier wird der Nagel auf den Kopf getroffen! Doch was gehört zur Systematik des Faches Musik? Nennen wir die wichtigsten Inhalte:

- die traditionellen Noten sowohl in Bezug auf die Tonhöhe wie auch in Bezug auf Rhythmus und Metrum
- die Parameter – auch im Hinblick auf Klangzeichen
- das analytische Hören, z. B. von Parametern oder Strukturen in ganzen Werken, in einzelnen Stücken, in Takten
- der Zusammenhang zwischen Klang und Material
- die Audiation, also die Tonhöhenvorstellung beim Singen.

All diese geläufigen Unterrichtsinhalte stehen infrage, wenn es um die Entwicklung des musikalischen Potenzials von Schülern geht – und zwar vor allem, wenn es um die Zensurenfindung geht. Denn hier wird mit Leistungsnachweisen Druck gemacht, und es geht in der Regel um Themen, die sehr weit entfernt liegen von den musikalischen Kompetenzen der Schüler. Auf diese Weise hemmt man das Lernen und fördert es nicht.

#### Hindernis Nr. 2: Mechanische Leistungen abverlangen

> *Mechanische Leistungen bestehen darin, dass Schüler einfach im verlangten Symbolsystem antworten und die Fakten, Begriffe, Problemstellungen zum Besten geben, die ihnen beigebracht wurden. Natürlich setzen Antworten, die unter diesen Bedingungen „korrekt" sind, kein echtes Verständnis voraus. Sie gewährleisten einfach nicht, dass ein echtes Verständnis erworben wurde.*[145]

Gegen „mechanische, ritualistische oder herkömmliche Leistungen"[146] setzt Gardner auf das intuitive Verständnis und führt dazu aus:

> *Das kleine Kind beherrscht früh eine große Menge an Informationen und wirkt in seiner begrenzten Welt äußerst kompetent. Wie wir gesehen haben, kann es Symbolsysteme [z. B. die Muttersprache, Anm. BK] geschickt verwenden und verstehen und außerdem mit für den Alltag ausreichenden Theorien und Erklärungen über die Welten des Verstandes, der Materie, des Lebens und des Selbst aufwarten. Ich werde diese Leistungen wegen der Mühelosigkeit, mit der es sie ausführt, Leistungen des intuitiven (oder naiven oder natürlichen) Verständnisses nennen.*[147]

Den mechanischen Leistungen setzt er Leistungen fachlichen (oder echten) Verständnisses entgegen. Solche Leistungen liegen vor, wenn Schüler Wissen oder Geschick, das sie in Schulen oder anderen Einrichtungen erworben haben, in einer für sie relevanten Situation auf eigene, abweichende Weise einsetzen können.

### Hindernis Nr. 3: Richtlinien und Lehrpläne

Keine ministerielle Vorgabe bringt es im Fach Musik so weit wie das niedersächsische Kerncurriculum für die Grundschule aus dem Jahre 2006. Das gut gemeinte Konzept, inhaltsbezogene Kompetenzbereiche (Wahrnehmen, Gestalten, Herstellen von kulturhistorischen Kontexten) mit prozessbezogenen Kompetenzbereichen (kommunizieren, Erkenntnisse gewinnen, Lernstrategien erwerben, beurteilen und bewerten) zu verbinden, verliert sich bis zur Selbstaufgabe in dem gleichzeitigen Anspruch, „die Verfügbarkeit der erwarteten Kompetenzen nachzuweisen."[148]

Die Illusion, verfügbares Wissen zu produzieren, wird hier zum Programm. Nicht die vorgeschlagenen Aktivitäten sind das Problem, sondern die Spalte „Überprüfungsmöglichkeiten". Wenn die Lehrkraft ihren Unterricht auf die Überprüfungsmöglichkeiten hin ausrichten würde und sich die Schüler in diesem Sog darauf reduzieren müssten, wäre der Aktions- und Lerndrang der Kinder extrem eingeschränkt und die Lehrkraft müsste ständig einengen, was Raum und freie Gestaltung braucht, um sich zu einer nachhaltigen Kompetenz entwickeln zu können.

Da man es nicht deutlicher formulieren kann, als die Verfasser es tun, seien hier einige Ausschnitte aus dem Niedersächsischen Kerncurriculum für das Fach Musik in der Grundschule Schuljahrgänge 1–4 zitiert.[149]

**Erwartete Kompetenzen laut Kerncurriculum:**
„Die aufgeführten Inhalte/Themen dienen der exemplarischen Erläuterung der Kompetenzen. Hier werden die zum Erreichen der Kompetenzen notwendigen Wissensbestände in spezifische Lernsituationen formuliert. Die Aufgaben zur Überprüfung in Leistungssituationen sind als Beispiele zu verstehen, die eine Rückmeldung über die individuellen Kenntnisse und Fertigkeiten der Schülerinnen und Schüler ermöglichen und die der weiteren Unterrichtsplanung dienen können." (...)

### Erwartete Kompetenzen am Ende des zweiten Schuljahres:

**Hören:** „Die Schülerinnen und Schüler
- erkennen und unterscheiden hörend musikalische Parameter in einfachen Zusammenhängen
- erkennen und unterscheiden hörend musikalische Prinzipien." (...)

**Musik und Bewegung:** „Die Schülerinnen und Schüler
- führen einfache Bewegungsgestaltungen zur Musik aus." (...)

**Musik erfinden:** „Die Schülerinnen und Schüler
- erproben Klangeigenschaften und nutzen diese für die Entwicklung einfacher musikalischer Abläufe nach außermusikalischen Vorgaben." (...)

### Erwartete Kompetenzen am Ende des vierten Schuljahres:

**Hören:** „Die Schülerinnen und Schüler
- erkennen und unterscheiden musikalische Parameter in zunehmend komplexeren Zusammenhängen

- erkennen und unterscheiden hörend einfache Strukturen und Formen
- sind in der Lage, musikalische Werke aspektbezogen zu hören." (...)

**Musik und Bewegung:** „Die Schülerinnen und Schüler
- führen auf ein Metrum bezogen komplexere ganzkörperliche Bewegungen zur Musik koordiniert aus
- erfinden Bewegungsgestaltungen zur Musik und führen diese aus." (...)

**Musik erfinden:** „Die Schülerinnen und Schüler
- erproben und kennen Klangeigenschaften und nutzen diese für de Entwicklung zunehmend komplexerer musikalischer Abläufe nach (außermusikalischen) Vorgaben
- wenden musikalische Prinzipien bei der Entwicklung und Gestaltung musikalischer Abläufe an." (...)

**Inhalte/erwartete Kompetenzen zum Thema**
**Hören:**
- „Lautstärke, Tondauer, Tonhöhe, Klangfarbe, Klang, Geräusch
- Wiederholung, Veränderung, Kontrast, Tempo, Lied (Strophe, Refrain), Rondo, Musik und Programm." (...)

Dazu gehören **Überprüfungsmöglichkeiten** wie etwa Aufgaben
- „zum vergleichenden Hören (Parametervergleiche), z. B. Vergleichen von zwei Tönen in Bezug auf Lautstärke, Tondauer, Tonhöhe, Klangfarbe
- zur Anwendung der Fachsprache, z. B. die Instrumente eines Werkes benennen
- zum prozessbezogenen, analytischen Hören, z. B. Beschreibung von Klangverläufen und Entwicklungen." (...)

**Inhalte / erwartete Kompetenzen zum Thema**
**Musik und Bewegung:**
„Metrum, Grundschlag, Takt, Rhythmus, Form, musikalische Prinzipien, Dynamik." (...)

Dazu passende **Überprüfungsmöglichkeiten**:
- „Aufgaben zur Überprüfung des motorischen Erfassens musikalischer Grundprinzipien." (...)

**Inhalte / erwartete Kompetenzen im Bereich**
**Musik erfinden:**
„Musikalische Prinzipien, Form, Kompositionstechniken, experimentelle Klangerzeugung, Wirkung von Musik." (...)

Dazu passende **Überprüfungsmöglichkeiten**:
- „Aufgaben zur Entwicklung von Klangverläufen, Vertonung von Klanggeschichten." (...)

Kaum zu glauben, aber wahr: In drei wesentlichen Lernfeldern des Musikunterrichtes wird den Kindern ein einziges Mal zugestanden, mit ihrer eigenen Musikalität umzugehen: Sie dürfen Bewegungsgestaltungen erfinden. Ansonsten geht alles nach Vorgaben vornehmlich fachinterner Systematik, die nichts anderes als Reduzierung auf und Anpassung an mechanische Leistungen abverlangen.

Nicht umsonst riefen vier 10-Jährige auf die Äußerung, dass sie Musik ja nicht zum Überleben bräuchten: „Doch!", und auf die Frage, ob Schule auch ohne Musikunterricht ginge, genauso geschlossen: „Ja!"[150]

## Chancen durch neue Ideen

### Nachhaltigkeit durch Bildungsstandards – das BLK-Programm

Das Modellprogramm „Transfer 21: Bildung für nachhaltige Entwicklung" ist ein Programm der Bund-Länder-Kommission (BLK) für Bildungsplanung und Forschungsförderung, das auf die Orientierung der schulischen Bildung am Konzept der Nachhaltigkeit abzielt. Es wird vom Bund und 14 Bundesländern finanziert. Doch was bedeutete in diesem Zusammenhang nachhaltig?

- „Nachhaltige Entwicklung heißt, Umweltgesichtspunkte gleichberechtigt mit sozialen und wirtschaftlichen zu berücksichtigen. Das eine ist ohne das andere nicht zu haben.
- Zukunftsfähig wirtschaften bedeutet also: Wir müssen unseren Kindern und Enkelkindern ein intaktes ökologisches, soziales und ökonomisches Gefüge hinterlassen."[151]

Das Besondere an der Idee besteht darin, dass auf mehreren Ebenen die Vernetzung propagiert wird. Einerseits geht es um die Vernetzung von Inhalten – d.h. Einsichten zu vermitteln über die wechselseitige Abhängigkeit verschiedener Aspekte des sozialen, ökonomischen und ökologischen Lebens, andererseits um die Vernetzung verschiedener Arbeits- und Lernformen. Ziel ist also nicht nur eine Bildung für nachhaltige Entwicklung, sondern auch eine nachhaltige Bildung. Während das Nachhaltige von Entwicklung darin besteht, dass wir in unserem Denken und Handeln Verantwortung für zukünftige Generationen übernehmen, besteht die Nachhaltigkeit von Bildung darin, dass Wissen nicht im Input-Output-Verfahren so schnell verschwindet, wie

es eingepaukt wurde, sondern zu einem „nachhaltigen", also bleibenden Besitz wird. Daraus ergeben sich neue Ansätze des Unterrichtens:

- „Die Schülerinnen und Schüler werden an der Gestaltung und Auswahl von Unterrichtsthemen beteiligt.
- Die Schülerinnen und Schüler lernen, gemeinsam mit anderen Lösungen im Sinne der nachhaltigen Entwicklung zu finden.
- Es soll übergreifend zwischen den verschiedensten Fächern und Lernangeboten gearbeitet werden.
- Projektarbeit steht im Vordergrund.
- Die Schülerinnen und Schüler lernen ‚selbst gesteuert'.
- Fördern der Eigeninitiative
- Arbeiten in Teams."[152]

Die Schüler/-innen sollen also vernetzt an vernetzten Themen arbeiten. Sie sollen in Lernumgebungen sowohl individuell aktiv sein als sich auch in Gruppen Wissen aneignen und dabei aufbauend auf Vorwissen, Erfahrungen und Alltagssituationen arbeiten. Diese Art des Lernens wird bei Transfer 21 „situiertes Lernen" genannt.[153]



In den anvisierten Teilkompetenzen des BLK-Programms finden sich viele Aspekte, die für das Fach Musik in diesem Buch konkret ausgearbeitet sind. Der Lehrende soll sich z. B. diese Fragen stellen:

- „Wissen die Schülerinnen und Schüler, wie und wo sie an Entscheidungen teilhaben können?
- Spielt das individuelle Wohlgefühl bei der Planung und Durchführung von schulischen Vorhaben eine Rolle?
- Haben die Schülerinnen und Schüler durch ihre Tätigkeit erfahren, dass es Spaß macht, sich für eine Sache einzusetzen?
- Haben sie für ihr Tun Anerkennung erfahren?
- Sind die Kinder und Jugendlichen bereit, Verantwortung für ihr Lernen zu übernehmen?"[154]

## Kompetenzerwerb

Auch das Ziel der nachhaltigen Bildung ist der Erwerb von Kompetenzen. „Die aktuelle pädagogische Diskussion beschäftigt sich mit der Vermittlung von Kompetenzen (der Begriff ist hier als pädagogischer Fachbegriff gemeint)."[155]

Eine Reihe von Fächern haben in der Kultusministerkonferenz aufgrund der oben geschilderten Diskussion Bildungsstandards verabschiedet. Am weitesten ging in der Umsetzung das Land Baden-Württemberg. Es hat die Fächer Musik, Kunst und Sachunterricht abgeschafft und einen neuen Fächerverbund gegründet, der sich „MeNuK" nennt: Mensch, Natur, Kultur. In den Leitgedanken werden die Ideen nachhaltiger Bildung ausgeführt: „Durch die Verbindung schulischen Lernens mit dem eigenen Handeln wird das Lernen persönlich bedeutsam und damit nachhaltig." In der Verzahnung sowohl der Inhalte wie auch der Lernmethoden legt der Unterricht „mit dem Erwerb von Wissen, Können und Verstehen sowie dem Aufbau von Einstellungen und Haltungen die wesentlichen Grundlagen für die Handlungskompetenz der Schülerinnen und Schüler".[156]

Allein in der Umsetzung hakt es. So gibt es massive Beschwerden aus allen Richtungen (Hochschule, Ausbildung, Schulen, Eltern) darüber, dass das Fach Musik im Zuge dieser Neuerungen praktisch eingespart bzw. auf das Singen von Liedern vor Beginn der (versteckten) Sachunterrichtsstunde und damit bis zur Unkenntlichkeit reduziert wird, doch im Fächerverbund somit als abgedeckt gilt. Was fehlt, ist die Ausbildung von Lehrern, die nach dem verzahnten Prinzip unterrichten und den Schülerwillen fachlich kompetent aufgreifen können. Zudem haben sich die Inhalte, die für das Fach Musik im Fächerverbund formuliert sind, überhaupt nicht verändert. Es wird das Gleiche gefordert wie früher, nur eben „versteckt".

Auch in Niedersachsen haben sich die Inhalte selbst nicht verändert. Dennoch wählte dieses Bundesland einen anderen Weg, mit dem Kompetenzbegriff umzugehen. Das Fach und seine Inhalte blieben, doch die Struktur wurde angepasst. Es wird nun eine Verzahnung inhaltsbezogener und prozessbezogener Kompetenzbereiche gefordert. „Im Unterricht sind die erwarteten Kompetenzen für die musisch-kulturellen Fächer in den Kompetenzbereichen Wahrnehmen, Gestalten und Herstellen von kulturhistorischen Kontexten nicht isoliert zu bearbeiten, sondern durch Inhalte miteinander zu verbinden."[157] Hat man für diesen Anspruch das Handwerkszeug zu dessen Umsetzung erlernt, kann dies zu hervorragendem Unterricht führen.

In ihrem sehr anregenden Buch „Schülerjahre" beschreiben Remo H. Largo und Martin Beglinger das Prinzip von Kompetenz und Nachhaltigkeit. In ihrer Kritik an Noten schreiben sie: „Die Noten sagen mehr über die Arbeitshaltung der Schüler sowie über die Prüfmethodik der Schule aus als über die wirkliche Kompetenz der Schüler. Sie geben nur wieder, womit sich der Schüler in den Tagen und Stunden vor dem Test beschäftigt hat. Ein wesentliches Merkmal von Kompetenz jedoch ist Nachhaltigkeit – was weiß der Schüler noch Wochen, Monate, Jahre später?"[158]

KAPITEL 8

# Was Kinder am Ende der Grundschulzeit können sollten

Kaum eine verantwortungsbewusste Lehrkraft würde sich akribisch an ministerielle Vorgaben halten, wenn diese ihrem Unterricht jedwede Lebendigkeit raubten. Stattdessen würden viele versuchen, einen musikaktiven, auf natürliches Verständnis orientierten Unterricht konstruktiv zu verbinden mit von außen vorgegebenen Inhalten.

Dabei sollte beachtet werden, dass sich viele der geforderten Leistungsnachweise im lebendigen Tun verstecken.

Zwei Leitgedanken sollten die Grundschulzeit begleiten:

- Zuerst und vor allem muss jedes Kind die Chance erhalten, „die musikalische Seite von sich" kennenzulernen (siehe oben).
- Zudem geht es um das „Verstehen im Sinne von Erkennen von etwas als etwas".[159]

Denn genau so erschließt sich beim Musizieren der Sinn von Noten oder ähnlichen Aufzeichnungen. Man erkennt beim bewussten Hören, dass Musik aus beschreibbarem Klangmaterial gemacht ist (auch ohne sich in unsinnigen Parametersezierungen zu verlieren). Man erkennt, wie eine Melodie gemacht ist, weil man sie selbst zu singen bemüht ist. Man erkennt, was es bedeutet, zusammen zu musizieren, wie viel Konzentration und Lockerheit, Aufeinanderhören und Im-Beat-Spielen notwendig sind, um zu einem befriedigenden Ergebnis zu kommen. Wird dieses Erkennen in einfache Worte gefasst, ist das Verstehen bereits gegeben, denn der sinnliche Vorgang seiner Aneignung bereitete dafür den einzig sinnvollen Boden.

## Die Qualität des Weges

Die Mühelosigkeit, mit der Kinder komplexe Sprach-, Verhaltens- und Weltsysteme erfassen, entspricht exakt der Mühelosigkeit, mit der Kinder von Beginn ihres Lebens an mit Musik umgehen. Es gilt, sich am Ende der Grundschulzeit diese Mühelosigkeit bewahrt zu haben.

Wenn die pralle Musikalität, mit der Kinder ihr Musikerleben außerhalb der Schule zu füllen verstehen, innerhalb der Schule nach vier Schuljahren einem mechanischen Leistungsverhalten gewichen ist, ist eine Menge schiefgelaufen. Wann immer sich eine Kluft auftut zwischen der musikalischen Intensität außerhalb und innerhalb der Schule, ist dies ein schlechtes Zeichen.

Innerhalb der Schule sollte das, was außerhalb der Schule an Musikverständnis angesammelt wurde, seinen Raum finden und zur Blüte gelangen. Dafür werden natürlich enorme Leistungen abverlangt, dafür finden Gruppenprozesse mit musikalischem Tun statt, dafür wird das notwendige Handwerkszeug erlernt. Doch all diese Prozesse finden aufgrund des natürlichen Musikverständnisses der Kinder statt und im Wissen um deren Mitbestimmungs- und Urteilsfähigkeit. Im Dialog werden so die Verantwortlichkeiten für guten Unterricht „gerecht", also sinnvoll, verteilt: Die Kinder geben ihr Interesse an Musik und der Lehrer sein Interesse an den Kindern in den gemeinsamen Topf. Die Kinder füllen diesen Topf mit ihren musikalischen Bedürfnissen, und der Lehrer zeigt Methoden auf, mit Hilfe derer sie ihre Ziele erreichen können.

## Die Ziele im Einzelnen

### 1. Singen

Erwartete Erfahrungskompetenzen am Ende der Grundschulzeit:

#### Grunderfahrung

- Die Schüler/-innen sollen viel und mit individuellem künstlerischem Anspruch gesungen haben.
- Sie sollen ihre Liedpräferenzen im Liedrepertoire der Klasse wiedergefunden haben.
- Sie sollen ihr aktuelles singbares Liedgut aktiv eingebracht haben können.

#### Handwerkszeug

- Die Schüler/-innen sollen sich um das Singen in sauberer Intonation in einer für sie realistischen Stimmlage, um rhythmische Exaktheit im musikalischen Fluss und um klangliche Ausdrucksstärke bemüht haben.
- Sie sollen sich mit Tipps für Singhaltungen und Stimmbildung aktiv auseinandergesetzt haben.

#### Erweiterungen

- Die Schüler/-innen sollen ggf. die Erfahrung gemacht haben, neben dem Klassensingen auch solistisch, zu Paaren oder in kleinen Gruppen erfolgreich in Erscheinung getreten zu sein und sich im mehrstimmigen und Kanonsingen sowie dem Sprechgesang erprobt zu haben.
- Die Schüler/innen sollen ggf. die Erfahrung gemacht haben, dass ihr gesteigertes Leistungsbedürfnis durch erhöhte Anforderungen befriedigt wurde, z.B. durch individuelle Förderung innerhalb des Unterrichtes oder durch das Singen in einem Schulchor.

### 2. Tanzen

Erwartete Erfahrungskompetenzen am Ende der Grundschulzeit:

#### Grunderfahrung

- Die Schüler/-innen sollen sich ihrem jeweiligen Bedürfnis angemessen zu Musik bewegt haben.
- Sie sollen ihre Erfahrungen mit Tänzen in ihrer häuslichen Umgebung in den Unter-

richt eingebracht und die Arbeit damit bereichert haben.
- Sie sollen ihre Bewegungsinteressen an Musik aktiv artikuliert und umgesetzt haben können.

**Handwerkszeug**
- Die Schüler/-innen sollen sich in Tanz und Bewegung um koordinierte Bewegungen im vorgegebenen Metrum, ggf. um sinnvolle Raumaufteilungen, ggf. um fließende Formationswechsel und um gute Zusammenarbeit bemüht haben.
- Sie sollen sich möglichen Angeboten wie traditionellen Folklore- und aktuellen Poptänzen sowie szenischen Bewegungsgestaltungen nicht verschlossen haben.

**Erweiterungen**
- Die Schüler/-innen sollen ggf. ihr persönliches Interesse an solistischen Tanzeinlagen, an der Eigenkreation von Gruppentänzen und Bewegungsimprovisationen umgesetzt haben.
- Sie sollen in Gruppenarbeiten einen künstlerischen Freiraum erlebt haben, innerhalb dessen Arbeitsergebnisse entstanden sind, die konstruktiv gewürdigt wurden.
- Sie sollen bei erhöhtem Interesse an Tanz und Ausdrucksbewegung besonders unterstützt worden sein.

### 3. Hören

Erwartete Erfahrungskompetenzen am Ende der Grundschulzeit:

**Grunderfahrung**
- Die Schüler/-innen sollen sich mit ihren häuslichen Hörgewohnheiten im Unterricht wiedergefunden und artikuliert haben.
- Sie sollen den Unterricht bereichert haben durch eigene Materialimpulse aus ihrer Hörumgebung.
- Sie sollen sich im Musikerleben durch Hören als kompetent erkannt haben können.
- Sie sollen erlebt haben, dass sie ihre Hörerlebnisse artikulieren und sich mit anderen darüber austauschen können.

**Handwerkszeug**
- Die Schüler/-innen sollen sich darin geübt haben können, ihre Hörerlebnisse in Worte zu fassen.
- Sie sollen kontinuierlich die Gelegenheit erhalten haben, ihre Meinungen, Urteile und Fantasien auch musikimmanent zu begründen.
- Sie sollen sich einen informativen Kontext ihrer Hörerfahrungen selbst organisiert haben können.
- Sie sollen sich darin erlebt haben, wie sie ihre Eindrücke beim bzw. nach dem Hören unterschiedlichster Musikrichtungen und Stücke in vielerlei Hinsicht – z. B. durch Schreiben, Sprechen, Zeichnen, Spielen oder Musizieren – zum Ausdruck bringen.
- Sie sollen erlebt haben, dass wiederholendes, bewusstes Hören als Anleitung zum eigenen Musizieren dienen konnte.

**Erweiterungen**
- Klassische Werke wie „Peter und der Wolf“ oder „Der Karneval der Tiere“ können auf ihre programmatischen Bestandteile hin hörend erfasst und durch aktive Handlungsbezüge wie Malen, Musizieren und/oder szenisches Spielen erhellt worden sein.
- Das Hören von geeigneten Musikstücken könnte zu einer der intuitiven Musikanalyse folgenden Geschichte geführt haben.

- Das bewusste Hören könnte auf Nachspiel- oder Nachsingbarkeit hin trainiert worden sein. Dazu gehört auch der kompetente Umgang mit dem Singen zum Playback.
- Kinder mit besonders intensivem Hörinteresse sollten Raum erhalten haben, sich zu äußern, z. B. durch Informationsweitergabe zu ihren Hörvorlieben.

## 4. Musikinstrumente

Erwartete Erfahrungskompetenzen am Ende der Grundschulzeit:

### Grunderfahrung

- Die Schüler/-innen sollen sich aktiv musizierend an verschiedenen Instrumenten erlebt haben können.
- Sie sollen ihre musikalischen Bedürfnisse an das Spielen von Instrumenten artikuliert und umgesetzt haben können.
- Sie sollen erlebt haben können, dass sie vollwertige Arrangements auf maximalem Niveau zu spielen in der Lage sind.
- Sie sollen ihrer Klangfantasie eigenverantwortlich und in Gruppenarbeiten mit vorführbaren Ergebnissen Ausdruck verliehen haben können.
- Sie sollen ihre Interessen an Musikinstrumenten maximal befriedigt haben können.

### Handwerkszeug

- Die Schüler/-innen sollen Erfahrungen im kompetenten Umgang mit verschiedenen Instrumenten gemacht haben können.
- Sie sollen vertraut sein im Erkennen und Lesen von Aufzeichnungen über die zu spielenden Töne und Abläufe.
- Sie sollen kommunikativ in der Lage sein, in Gruppenarbeit ein Klangergebnis zu erzielen.
- Sie sollen positive und ernsthafte Erfahrungen im Zusammenspiel sowohl beim Klassenmusizieren wie in Klangimprovisationen und -kompositionen gemacht haben.

### Erweiterungen

Die Schüler/-innen sollen ggf. die Erfahrung gemacht haben, dass ihr gesteigertes Leistungsbedürfnis durch erhöhte Anforderungen befriedigt wurde.

- Sie sollten besondere Bedürfnisse wie das Gründen einer Band oder das intensivere, über den allgemeinbildenden Unterricht hinausgehende Spiel an Instrumenten in einer Musik- oder Blockflöten-AG erfüllt bekommen haben.
- Sie sollen bei Interesse das Lesen von Noten durch gesondertes Material gelernt haben können.

## Beobachtungsbogen zum Leistungsnachweis im Fach Musik

*Zutreffende Kompetenz kennzeichen und ggf. Unterstützungsbedarf eintragen*

| Name: | | Klasse: | Zeitraum: | |
|---|---|---|---|---|
| **Singen** | | | | |
| **Aktives Singen** | engagiert | immer dabei | gern | zurückhaltend |
| Unterstützungsbedarf? | | | | |
| **Handwerkszeug** | interessiert | fleißig | bemüht | desinteressiert |
| Singhaltung | | | | |
| Stimmbildung | | | | |
| Intonation | | | | |
| Unterstützungsbedarf? | | | | |
| | | | | |
| **Tanzen** | | | | |
| **Aktives Tanzen** | begeistert | immer dabei | bemüht | verweigert |
| Unterstützungsbedarf? | | | | |
| **Handwerkszeug** | gut | geschafft | bemüht | verweigert |
| Tanzschritte | | | | |
| Tänze | | | | |
| Unterstützungsbedarf? | | | | |
| | | | | |
| **Hören** | | | | |
| **Aktives Hören** | engagiert | aktiv | bemüht | passiv |
| Unterstützungsbedarf? | | | | |
| | | | | |
| **Handwerkszeug** | engagiert | aktiv | bemüht | passiv |
| Begründen | | | | |
| Informieren | | | | |
| Analysieren + formulieren | | | | |
| Unterstützungsbedarf? | | | | |
| | | | | |
| **Musikinstrumente** | | | | |
| **Aktives Musizieren** | unermüdlich | aktiv | bemüht | verweigert |
| Unterstützungsbedarf? | | | | |
| Sonderaktivitäten? | | | | |
| **Handwerkszeug** | sicher | aktiv | bemüht | verweigert |
| Umgang mit Instrumenten | | | | |
| Lesen von Aufzeichnungen | | | | |
| Klangarbeit Klassenmusizieren | | | | |
| Unterstützungsbedarf? | | | | |
| | | | | |

## Was Musikpädagogen können sollten

Ein Lehrer sollte „cool, großzügig und gelassen" sein, schrieb der Leiter des „Institutes für Kinderpsychologie und Lerntherapie" in Hannover, Wolfgang Bergmann[160]. Dieses wahre Wort gilt für Musiklehrer im Grundschulbereich ebenso wie für außerschulisch unterrichtende Musikpädagogen.

Leider wird im Zusammenhang mit der Diskussion um guten Unterricht immer wieder beklagt, dass zu wenige Männer in der Grundschule unterrichteten. Diese Klage mag gute Gründe haben, im Kern ist sie jedoch ärgerlich, denn ein Mann macht noch lange keinen guten Lehrer aus. Ein guter Lehrer ist ein guter Lehrer, ob Frau oder Mann. Ein schlechter Lehrer ist genauso unangenehm wie eine schlechte Lehrerin.

Doch wirklich schlechte Lehrer/-innen gibt es sehr wenige. Die meisten Kollegen und Kolleginnen bemühen sich engagiert und ernsthaft, den Kindern eine gute Grundschulzeit zu gewährleisten. Was einen guten Musiklehrer/eine gute Musiklehrerin ausmacht, ist:

### Begeisterung

… dass er/sie gerne Musik macht oder gerne singt oder gerne Musik hört und diese Leidenschaft in der Schule fortsetzt und vermittelt.

### Instrumente spielen

… dass er/sie bestrebt ist, verschiedene Instrumente so weit zu beherrschen, dass sie unterrichtstauglich sind. Man muss kein Bassist sein, um E-Bass spielen zu können, und kein Schlagzeuger, um zu zeigen, wie man einen Basis-Rhythmus spielt. Auch Blockflöte, Stabspiele, Keyboard/Klavier und Rhythmusinstrumente müssen nur so weit beherrscht werden, dass sie dem Unterricht dienen können. Gut ist es, wenn man die notwendigen Griffe auf einer akustischen Gitarre spielen kann und gelernt hat, sich auch angesichts von Griffen, die man nicht zu meistern in der Lage ist, zurechtzufinden.

### Was Eltern wissen sollten … über die musikalische Förderung ihrer Kinder

Eine musikalisch aktive Grundschulzeit wirkt umso nachhaltiger, wenn Eltern sie aktiv begleiten.

Genießen Sie Musik auf ganz natürliche Art. Ob Mitsingen, Mittanzen oder ein Instrument spielen – je natürlicher Ihr Kind mit Musik innerhalb der Familie in Kontakt kommt, desto selbstverständlicher wird es selbst musikalisch aktiv sein.

Versuchen Sie, das musikalische Verhalten Ihres Kindes ernst zu nehmen. Ob es sich beim Fernsehen bewegt, wenn Kinder z. B. in Casting-Shows tanzend auftreten, ob es Musik hört, sich über Musik informiert o. Ä. – wenn Sie sich dafür interessieren, unterstützen Sie das Kind im positiven Sinne.

Achten Sie auf besondere Begabungen wie Singen, Tanzen, Rhythmen spielen oder Töne hören und nachspielen wollen. Fragen Sie bei einer entsprechenden Beobachtung, ob das Kind Interesse an einer speziellen Förderung hat. Versuchen Sie ggf., Lehrer/-innen zu finden, die das Kind nicht von der Musik entfremden, sondern in der Lage sind, seinen Bedürfnissen zu folgen und diese optimal mit dem Lernen zu verknüpfen.

Besuchen Sie Livekonzerte, bei denen Ihr Kind echte Sänger und echte Instrumente sehen kann. Jeder musikalische Livekontakt stellt eine besondere Nähe zum Musikmachen her. So kann Ihr Kind beginnen, spezielle Interessen zu entwickeln.

### Gern singen

Man muss auch kein ausgebildeter Sänger sein, um viel, gerne und gut im Unterricht zu singen. Stimmbildung in der Grundschule ist zunächst einmal Muskeltraining, das durch vieles Singen in bequemer Lage geschieht. Jede weitere gesangliche Betätigung wie das Singen im Chor kommt dem Unterricht automatisch zugute. Aber Voraussetzung ist dies nicht.

### Klassenmusizieren anleiten

Eine besondere Fertigkeit verlangt das Anleiten des Klassenmusizierens, denn man muss verschiedene Stimmen zusammenbringen und dirigieren. Es ist der Sache auch dienlich, wenn man falsch gespielte Töne hören, zuordnen und korrigieren kann. Das Anleiten von Klassenmusizieren muss erlernt und trainiert werden. Kann man es nicht mehr erlernen, weil es dafür keine Fortbildungsmöglichkeiten gibt, sollte man sich Schritt für Schritt von einfachen zu komplexeren Arrangements vorarbeiten. Viele Schulbücher und pädagogische Fachzeitschriften liefern hierfür Unterrichtsbeispiele.

### Musikstücke heraushören

Sehr praxisrelevant ist die Fähigkeit, Musikstücke, die die Kinder für den Unterricht vorschlagen, heraushören und selbst für die ausgewählte Lerngruppe arrangieren zu können. Auch dies will gelernt sein. Im Internet finden sich zu allen Stücken populärer Musik Angaben für die Akkordbegleitungen und fast immer auch Spielanleitungen.

### Mit Kindern zusammenarbeiten

Die Bereitschaft und das Selbstbewusstsein, die kindlichen Bedürfnisse an- und ihre Vorerfahrungen mit Musik ernst zu nehmen und gemeinsam mit den Kindern Unterricht zu gestalten, sind die wertvollsten Kompetenzen, die ein Lehrer neben seiner eigenen Leidenschaft für Musik mitbringen kann.

### Aufführen

Der besondere Mut, mit Unterrichtsergebnissen die Schulöffentlichkeit durch kleine Aufführungen zu erfreuen, hat direkten Einfluss auf die Nachhaltigkeit des Lernens. Was einmal aufgeführt wurde, ist musikalischer Besitz und geht nie wieder verloren. Je größer das Engagement ist, für eine Aufführung maximale Leistungsbereitschaft zu zeigen, desto nachhaltiger wirkt das Ergebnis.

### Peripherie

Ein guter Musiklehrer bzw. eine gute Musiklehrerin bemüht sich daher um eine anregende Peripherie. Dazu gehören:

- AGs
  die Einrichtung spezieller Arbeitsgemeinschaften wie Tanz-AG/Hip-Hop-AG/Poptanz-AG genauso wie eine Chor-AG oder eine Instrumente-Musik-AG, eine Blockflöten-AG, eine Musical- oder Musiktheater-AG, eine Playback-AG o. Ä.

- Musikraum:
  ein pädagogisch sinnvoller Musikraum, der ggf. beschafft, kindgerecht eingerichtet und ausgestattet werden muss. Im Idealfall wäre er folgendermaßen bestückt:
  Die eine Hälfte des Raumes benötigt eine gute Musikanlage zum differenzierten Hören in einem Sitz-, Schreib- und Malbereich mit Overheadprojektor, Tafel und als Luxus einem DVD-Player oder Computer mit Beamer. In der zweiten Hälfte steht das fertig aufgebaute Instrumentarium – bestehend aus dem sogenannten „Orff"–, aber auch dem sogenannten „Pop- und Rock"-Instrumentarium sowie einem oder mehreren Micros für Solosänger. Perfekt ist der Raum, wenn sich zwischen beiden Bereichen ein Platz befindet, der einen durchfassten Kreis zulässt und zum Tanzen genutzt werden könnte.

**Raus aus der Schule**
Auftrittsmöglichkeiten innerhalb und außerhalb der Schule. Ob für Eltern, Schüler, in Altersheimen oder auf Stadtfesten: Der Lern- und Arbeitseffekt innerhalb solcher Aufführungsprojekte ist durch nichts zu ersetzen.

Der bewegte, wackelnde, wasserspritzende Strawinsky-Brunnen von Jean Tinguely und Niki de Saint Phalle in Paris

# Literaturverzeichnis



Abele, Tamino: Die Entwicklung des begrifflichen Verständnisses von Musik bei Kindern und Jugendlichen (Diss.), Frankfurt am Main 1990

Abel-Struth, Sigrid und Goeben, Ulrich: Musikalische Hörfähigkeiten des Kindes, Mainz 1979

Baacke, Dieter: Kevin, Wayne und andere. Kinder und ästhetische Erfahrung in alten und neuen Medien, in: Bullerjahn, Claudia, Erwe, Hans-Joachim und Weber, Rudolf (Hrsg.): Kinder-Kultur, Opladen 1999

Badur, Imke-Marie: Selbstinitiierte musikbezogene Aktivitäten von Kindern im Grundschulalter, Hogrefe 2007

Bastian, Hans-Günther: Musik(erziehung) und ihre Wirkung, Mainz 2000

Bauer, Jenny: Einbezug von Schülerwünschen in den Musikunterricht, Masterarbeit, Oldenburg 2008

Bausinger, Hermann: Formen der Volkspoesie, in: Segler, Helmut: Tänze der Kinder in Europa, Celle 1992

Bausinger, Hermann: Kultur für Kinder – Kultur der Kinder, Bremen 1987

Beckers, Renate: Die musikalische Lebenswelt 4–10-jähriger Kinder – eine musikökologische Erkundung, Münster 2004

Behne, Klaus-Ernst: Hörertypologien, Regensburg 1990

Brinkmann, Rainer u. a.: Methodenkatalog der Szenischen Interpretation von Musiktheater, Oldershausen 2001

Brügelmann, Hans (Hrsg.): Kinder lernen anders, Lengwil am Bodensee 1998

Bruhn, Herbert, Oerter, Rolf und Rösing, Helmut (Hrsg.): Musikpsychologie – ein Handbuch, Hamburg 1993

Bruhn, Herbert und Oerter, Rolf: Wahrnehmung und musikbezogene Handlungen, in: Bruhn, Herbert u. a. (Hrsg.): Musikpsychologie – ein Handbuch, Hamburg 1993

Bruhn, Herbert: „Ich habe Angst, meine Schüler zu überfordern“ – Überlegungen zur pädagogischen Bedeutung von Stufen der musikalischen Entwicklung, in: Mahlert, Ulrich (Hrsg.): Spielen und Unterrichten – Grundlagen der Instrumentaldidaktik, Mainz 1997

de la Motte-Haber, Helga: Psychologische Grundlagen des Musiklernens, Handbuch der Musikpädagogik, Bd. 4, Kassel 1987

Faltin, Peter: Phänomenologie der musikalischen Form, Stuttgart 1979

Fischer, Romald: Zum instrumentalen Anfangsunterricht bei Kindern, in: Maas, Georg: Musiklernen und neue (Unterrichts-)Technologien, Essen 1995

Furgber, Michaele: Auditive Wahrnehmungsdifferenzierung durch Musikhören in Bewegung, Dissertation 2002

Gardner, Howard: Der ungeschulte Kopf – wie Kinder denken, Stuttgart 1993

Gembris, Heiner: Musikalische Fähigkeiten und ihre Entwicklung, in: de la Motte-Haber, Helga, a. a. O. 1987

Gembris, Heiner und Schellberg, Gabriele: Die Offenohrigkeit und ihr Verschwinden bei Kindern im Grundschulalter, in: Musikpsychologie Bd. 19, Göttingen 2007

Gotthardt, Christoph: Kinder malen Konzerte, in: Knolle, Niels: Lehr- und Lernforschung in der Musikpädagogik, Essen 2006

Gotthardt, Christoph: Sinfonik im Kindergarten, in: Zeitschrift Orchester 11/06

Gruhn, Wilfried: Der Musikverstand, Hildesheim 1998

Hacke, Axel & Sowa, Michael: Der weiße Neger Wumbaba, Kleines Handbuch des Verhörens, München 2004

Hartje, Klaus: Ansätze des musikalischen Verstehens bei Kindern, in: Faltin, Peter und Reinecke, Hans-Peter: Musik und Verstehen, Köln 1973

Hempel, Christoph: Neue Allgemeine Musiklehre, Mainz 2001

Hempel, Christoph: „Musik selber schreiben – Erfahrungen und Anregungen aus dem elementaren Musikunterricht“ in: Mahlert, Ulrich (Hrsg.): Spielen und Unterrichten. Grundlagen der Instrumentaldidaktik. Mainz 1997

Hengst, Heinz: Auf Kassetten gezogen und in Scheiben gepresst, Frankfurt am Main 1979

Hengst, Heinz: Secondary Oralität, in: Erlinger, Hans Dieter: Kinderfernsehen 3, Essen 1991

Herwig, Katharina: Das Bild vom Instrument, Berlin 2006

Hoppe, Christoph: Musikalische Wahrnehmung von Kindern, Bachelorarbeit, Oldenburg 2008

Kleinen, Günter (Hrsg.): Musik und Kind, Laaber 2003

Kleinen, Günter und Schmitt, Rainer: Musik verbindet, Essen 1991

Klusen, Ernst: Singen, Regensburg 1989
Knolle, Niels (Hrsg.): Lehr- und Lernforschung in der Musikpädagogik, Essen 2006
Küntzel, Bettina: Die Persönlichkeit des Schülers im Zentrum des Musikunterrichtes, in: Fuchs, Mechthild und Brunner, Georg (Hrsg.): Welchen Musikunterricht braucht die Grundschule? Essen 2006
Küntzel, Bettina: Musikunterricht – kompetent im Unterricht der Grundschule, Baltmannsweiler 2009
Küntzel, Gottfried und Margrit: Vorschulkinder in Aktion, Velber 1971
Largo, Remo H. und Beglinger, Martin: Schülerjahre – wie Kinder besser lernen, München 2009
Lugert, Wulf Dieter: Grundriss einer neuen Musikdidaktik, Stuttgart 1975
Markefka, Manfred und Nauck, Bernhard: Handbuch der Kindheitsforschung, Berlin 1993
Meisig, Melanie und Stroh, Wolfgang Martin: Capoeira für Kinder, interaktive DVD mit Lehrerfortbildung, Hintergrundinformation und Unterrichtsmaterialien, Oldershausen 2009
Ministerium für Kultur, Jugend und Sport Baden-Württemberg: Leitgedanken zum Kompetenzerwerb für Mensch, Natur und Kultur, Grundschule Klasse 2, 4. Bildungsplan Grundschule, 2004
Minkenberg, Hubert: Das Musikerleben von Kindern im Alter von 5–10 Jahren, Köln 1990
Moog, Helmut: Das Musikerleben des vorschulpflichtigen Kindes, Mainz 1968
Nauck-Börner, Christa: Wahrnehmung und Gedächtnis, in: de la Motte-Haber, Helga, a. a. O. 1987
Niedersächsiches Kultusministerium: Kerncurriculum für die Grundschule Musik, 2006
Nitsche, Peter: Klangfarbe und Schwingungsform, München 1978
Precht, Richard David: Wer bin ich und wenn ja, wie viele? München 2007
Richter, Christoph: Der Musikunterricht gehört den Schülern, Altenmedingen 2006
Rogge, Jan-Uwe: Kinder können fernsehen – Vom Umgang mit der Flimmerkiste, Hamburg 1999, 3. Auflage 2005
Rosenkranz, Ines: Die Bedeutung von Musik für Kinder der 5. Klasse des Gymnasiums, Oldenburg 2008
Sacks, Oliver: Der einarmige Pianist, Hamburg 2009
Schulten, Marie-Luise: Die musikalische Lebenswelt 4 – 10-jähriger Kinder, in: Merkefka, Manfred und Nauck, Bernhard, a.a.O., 1993
Segler, Helmut: Tänze der Kinder in Europa, Celle 1992
Segler, Helmut und Kleindienst, Andrée (IWF): Tänze der Kinder aus dem südlichen Niedersachsen, Begleitheft zu dem Film, Institut für den Wissenschaftlichen Film, Göttingen 1982
Spychiger, Maria und Oser, Fritz: Lernen ist schmerzhaft – zur Theorie des negativen Wissens und zur Praxis der Fehlerkultur, Weinheim 2005
Stadler, Stefanie Melanie: Eine entwicklungspsychologische Untersuchung zum Erwerb des Tonsystems bei Kindern zwischen 4 und 9 Jahren in ihren Vokalisationen, Bern 1988
Stroh, Wolfgang Martin: Aus Fehlern wird man klug, in: Knolle, Niels (Hrsg.): Lehr- und Lernforschung in der Musikpädagogik (= Musikpadagogische Forschung 27), Essen 2006
Stroh, Wolfgang Martin: „Musik lernen“ – ein taktisches Programm, das Fragen aufwirft, in: Diskussion Musikpädagogik 20/03
Ton, Klang, Geräusch: in: Schülerduden Physik, Mannheim 2001
Transfer 21, Berlin, Broschüre: „Herzlich willkommen in der Schule“ (ohne Angabe einer Jahreszahl)
Ueffig, Annika: Grafische Notation von Kindern im Alter von 11 und 12 Jahren, Bachelorarbeit, Oldenburg 2008
Zeitter, Ernst (Hrsg.): Medienerziehung für Grundschüler, Frankfurt am Main 1995

# Anmerkungen

### Wie es zu diesem Buch kam

1 Lugert, Wulf Dieter: Grundriss einer neuen Musikdidaktik, Stuttgart 1975

2 Richter, Christoph: Der Musikunterricht gehört den Schülern, Altenmedingen 2006

3 Das Glück bescherte einen Filmer, der die Aufführung aufnahm. Dieser Film kann bei der Autorin ausgeliehen werden.

4 Küntzel, Bettina: Die Persönlichkeit des Schülers im Zentrum des Musikunterrichtes, in: Fuchs, Mechthild und Brunner, Georg (Hrsg.): Welchen Musikunterricht braucht die Grundschule? Essen, 2006

5 Küntzel, Bettina: Musikunterricht, Band 3 der Reihe: Kompetent im Unterricht der Grundschule, hrsg. von Astrid Kaiser und Susanne Miller, Baltmannsweiler 2009

### Einleitung

6 Rosenkranz, Ines: Die Bedeutung von Musik für Kinder der 5. Klasse des Gymnasiums, Bachelorarbeit, Oldenburg 2008

7 Karolin schildert kurz darauf: „Das ist für die Leute nach der Arbeit dann ja so stressig, bei mir ist das so, wenn mein Papa kocht und er das nicht hinbekommt, dann macht er das Radio an, meine Mutter findet das nicht ganz so toll …". (S. 59)

8 Rosenkranz, Ines, a.a.O., 2008, S. 54

9 Schopenhauer, Arthur: Die Welt als Wille und Vorstellung, zit nach: Sacks, Oliver: Der einarmige Pianist, Hamburg 2009, S. 11

### Kapitel 1:

10 Gembris, Heiner: Musikalische Fähigkeiten und ihre Entwicklung, in: de la Motte-Haber, Helga: Psychologische Grundlagen des Musikhörens, Handbuch der Musikpädagogik Bd. 4, Kassel 1987, S. 136

11 Der Begriff des Klangsinnlichen stammt von Ernst Klausen und beschreibt sehr treffend, worum es geht.

12 Rosenkranz, Ines, a.a.O. S. 59

13 Oerter, Rolf in: Musikpsychologie – ein Handbuch, hrsg. von Bruhn, Herbert, Oerter, Rolf und Rösing, Helmut, Hamburg 1993, S. 264

14 ebd., S. 265

15 Bausinger, Hermann: Formen der Volkspoesie, in: Segler, Helmut: Tänze der Kinder in Europa, Celle 1992, S. 6

16 zit. nach Rogge, Jan-Uwe: Kinder können fernsehen – Vom Umgang mit der Flimmerkiste, Hamburg 1999/2005, S. 85

17 aus: Hoerburger, Christian: Kreativität, in: Kleinen, Günter: Musik und Kind, Laaber 2003, S. 112

18 Badur, Imke-Marie: Selbstinitiierte musikbezogene Aktivitäten von Kindern im Grundschulalter, in: Auhagen, Wolfgang, Bullerjahn, Claudia und Höge, Holger (Hrsg): Musikpsychologie – Musikalische Sozialisation im Kindes- und Jugendalter, Hogrefe 2007 a.a.O., S. 61

19 Siehe dazu auch Klusen, Ernst: Singen, Regensburg 1989

20 Gembris, Heiner: Musikalische Fähigkeiten und ihre Entwicklung, in: de la Motte-Haber, Helga a.a.O., S. 139.

21 Melloh, Katharina: Intervalle im Kopf, Bachelorarbeit, Universität Oldenburg 2008, S. 12

22 Es handelt sich um einen Tonumfang, der ca. von b–b`` geht. Aus: Bruhn, Herbert und Oerter, Rolf: Wahrnehmung und musikbezogene Handlungen, in: Musikpsychologie – ein Handbuch, Hamburg 1993, S. 288

23 Klusen, Ernst, a.a.O, S. 41

24 ebd., S. 54

### Kapitel 2:

25 Stroh, Wolfgang Martin: Aus Fehlern wird man klug, in: Knolle, Nils (Hrsg.): Lehr- und Lernforschung in der Musikpädagogik (= Musikpädagogische Forschung, Bd. 27), Essen 2006, S. 230

26 Für die Praxis ist das Stück sehr zu empfehlen: Es heißt „Low" und ist von Flo Rida. Auch der dazugehörige Tanzfilm fasziniert Kinder, wenn man nur die Tanzausschnitte zeigt: „Step up to the streets" – so heißt der Film, dessen Titellied „Low" ist.

[27] siehe dazu das Begleitheft zu dem Film „Tänze der Kinder aus dem südlichen Niedersachsen“, Institut für den Wissenschaftlichen Film, Göttingen 1982, S. 3

[28] An dieser Stelle wird der Name eines (meist beteiligten) Kindes eingesetzt.

[29] aus: Segler, Helmut a.a.O., 1992, S. 238, Nr. 893b aufgezeichnet in Braunschweig

[30] ebd., S. 250, Nr. 909

[31] Weitere aktuelle Beispiele finden sich bei Julia Lammerding: Eigeninitiierte musikalische Pausenaktivitäten bei Grundschulkindern, Bachelorarbeit, Universität Oldenburg 2009

[32] Unbehauen, Peter: Dass ihr euch ja nich' schietig macht!, Hamburg 1999, S. 204

[33] ebd., S. 74/75

## Kapitel 3:

[34] Minkenberg, Hubert: Das Musikerleben von Kindern im Alter von 5–10 Jahren, Köln 1990, S. 48

[35] Tabaluga ist die Hauptfigur mehrerer Konzeptalben von Peter Maffay, die in Popmusik-Liedern die Geschichte des kleinen Drachen erzählt.

[36] Beyoncé ist eine R&B-Künstlerin, die kommerziell sehr erfolgreich ist. Diese Musik entspricht der modernen Form von Soul.

[37] Gotthardt, Christoph: Kinder malen Konzerte, in: Knolle, Niels: Lehr- und Lernforschung in der Musikpädagogik, Essen 2006, S. 94

[38] Badur, Imke-Marie, a.a.O., S. 60

[39] ebd., S. 66

[40] Schulten, Maria Luise: Die musikalische Lebenswelt 4–10-jähriger Kinder, in: Merkefka, Manfred und Nauck, Bernhard: Handbuch der Kindheitsforschung, Berlin 1993, S. 501

[41] ebd.

[42] Rogge, Jan-Uwe, a.a.O., 1999/2005, S. 43

[43] ebd., S. 43

[44] Gembris, Heiner und Schellberg, Gabriele: Die Offenohrigkeit und ihr Verschwinden bei Kindern im Grundschulalter, in: Musikpsychologie Bd. 19, Göttingen 2007, S. 71

[45] ebd., S. 89

[46] Behne, Klaus-Ernst: Hörertypologien, Regensburg 1990

## Kapitel 4:

[47] Hengst, Heinz: Secondary Oralität, in: Erlinger, Hans Dieter: Kinderfernsehen 3, Essen 1991, S. 171

[48] zit. u Meyrowitz, 1987, in: Hengst, Heinz (1991), a. a. O., S. 171

[49] ebd., S. 145 und 147

[50] Rogge, Jan Uwe: Kinder können Fernsehen, a.a.O., S. 110

[51] Precht, Richard David: Wer bin ich und wenn ja, wie viele? München 2007, S. 43. Neuronen sind die Nervenzellen im Gehirn, und die Kommunikationsstellen der Nervenzellen sind die Synapsen.

[52] ebd., S. 163/164

[53] ebd., S. 165

[54] ebd., S. 165

[55] Rosenkranz, Ines, a. a.O., S. 52 und S. 53

[56] ebd., S. 55

[57] ebd., S. 56

[58] ebd., S. 57

[59] ebd., S. 54 f.

[60] ebd., S. 52

[61] Bushido ist ein deutsch-tunesischer Rapper aus Berlin, der sich zu Anfang seiner Karriere vor allem mit notorischen Geschmacklosigkeiten einen Namen gemacht hat. Das Kalkül, mit diesem Negativimage besonders effektiv für Publicity und damit so bald wie möglich für das große Geld zu sorgen, ist aufgegangen. Seitdem gibt er sich harmloser. Sich selbst spielt Bushido in dem BioPic „Zeiten ändern dich“, das 2010 in die Kinos kam (Drehbuch Bernd Eichinger, Regie Uli Edel).

[62] Beckers, Renate: Die musikalische Lebenswelt 4–10-jähriger Kinder – eine musikökologische Erkundung, Münster 2004, S. 82

[63] Stroh, Wolfgang Martin: Aus Fehlern wird man klug, in: Knolle, Nils (Hrsg), a.a.O., Essen 2006, S. 231

[64] Das Lied der Gruppe One Republic war 2008 ein sehr großer Hit.

[65] Gembris, Heiner, a.a.O., 1987, S. 152

[66] Stroh, Wolfgang Martin, a.a.O., S. 228

[67] ebd., S. 228/229

[68] ebd., S. 230

[69] ebd. Vgl. dazu auch die Umsetzung dieses Ansatzes in ders.: Capoeira für Kinder, Oldershausen 2009

### Kapitel 5

[70] Solfège wird eine Methode aus dem 11. Jahrhundert genannt, die der Gesangsausbildung der Mönche in den Klöstern diente. Die Abbildung und das Zitat stammen aus Bähr, Johannes u.a.: Kompetenz vermitteln – Kultur erschließen – Musiklernen in der Schule, in: Lernforschung – Musikalisches Lernen, Diskussion Musikpädagogik 3/2003, Oldershausen 2003, S. 31

[71] Sacks, Oliver, a.a.O., 2008, S. 132

[72] Abele, Tamino: Die Entwicklung des begrifflichen Verständnisses von Musik bei Kindern und Jugendlichen (Diss.), Frankfurt am Main 1990, S.118

[73] Klusen, Ernst, a.a.O., 1989, S. 76

[74] Christoph Hempel beschreibt in seiner hervorragenden „Neuen Allgemeinen Musiklehre", was komplexe Töne sind: „Der französische Mathematiker Jean Baptiste Fourier (1768-1830) fand heraus, dass (...) die Klänge von Musikinstrumenten immer aus dem Grundton und ganzzahligen Vielfachen der Grundschwingung zusammengesetzt sind. Jedes Musikinstrument und jeder gesungene Vokal hat einen bestimmten Frequenzbereich, in dem die Partialtöne (Harmonische, Obertöne, ganzzahlige Vielfache) besonders stark mitschwingen, und zwar unabhängig von der Tonhöhe des Grundtons." Mainz 2001, S. 24

[75] Skizzen Lehrervorgabe und Schülerlösung aus Melloh, Katharina, Intervalle im Kopf, Bachelorarbeit, Oldenburg 2008, S. 22 und 23.

[76] Stadler, Stefanie Melanie: Eine entwicklungspsychologische Untersuchung zum Erwerb des Tonsystems bei Kindern zwischen 4 und 9 Jahren in ihren Vokalisationen, Bern 1988

[77] zit. nach Poppensieker, Karin: Die Entwicklung musikalischer Wahrnehmungsfähigkeit, Mainz 1986, in: Hoppe, Christoph: Musikalische Wahrnehmung von Kindern – Eine qualitative Untersuchung, Bachelorarbeit, Oldenburg 2008, S. 14

[78] in: Mahlert, Ulrich (Hrsg.): Spielen und Unterrichten. Grundlagen der Instrumentaldidaktik, Mainz 1997, S. 206–219

[79] ebd., S. 210

[80] Ton, Klang, Geräusch, in: Schülerduden Physik, Mannheim 2001, S. 351

[81] Alle drei Stücke stammen aus der bekannten Komposition „Karneval der Tiere" für Orchester und zwei Klaviere von Camille Saint-Saens.

[82] Hoppe, Christoph: Musikalische Wahrnehmung von Kindern, Bachelorarbeit, Oldenburg 2008, Anhang S. 2–4

[83] Nauck-Börner, Christa; Wahrnehmung und Gedächtnis, in: de la Motte-Haber, Helga (Hrsg.): Psychologische Grundlagen des Musiklernens, Reihe: Handbuch der Musikpädagogik, Band 4, Kassel 1987, S. 81

[84] Faltin, Peter, a.a.O., 1979, S. 133

[85] Rosenkranz, Ines, a.a.O., 2008, S. 60

[86] Howard Gardner: Der ungeschulte Kopf – wie Kinder denken, Stuttgart 1993, S. 222

[87] Gembris, Heiner, a.a.O., S. 136

[88] aus: „Tänzer in Windeln", Süddeutsche Zeitung vom 17. 3. 2010

[89] Gembris, Heiner, a.a.O., 1987, S. 137

[90] ebd., S. 134

[91] ebd., S. 140

[92] ebd., S. 149

[93] Bruhn, Herbert, a.a.O., 1997, S. 283

[94] Nauck-Börner, Christa, a.a.O., 1987, S. 87

[95] Bruhn, Herbert und Oerter, Rolf, a.a.O., 1993, S. 293

[96] Gembris, Heiner, a.a.O., S. 119

[97] Bruhn, Herbert und Oerter, Rolf, a.a.O., 1993, S. 293

[98] Minkenberg, Hubert, a.a.O., 1990, S. 262

[99] ebd., S. 45

[100] Gembris, Heiner, a.a.O., S. 137

[101] ebd., S. 137

[102] ebd., S. 137

[103] ebd., S. 137

[104] ebd., S. 149

[105] Abel-Struth, Sigrid, a.a.O., 1979, S. 77

[106] Minkenberg, Hubert, a.a.O., 1990, S. 35

[107] ebd., 1990, S. 40

[108] Bruhn, Herbert, a.a.O., 1997, S. 285

[109] siehe dazu auch Stadler, Stefanie Melanie, a.a.O.

[110] Minkenberg, Hubert, a.a.O., 1990, S. 42

[111] Gembris, Heiner, in: de la Motte – Haber, Helga, a.a.O., Bd. 4, S. 146

[112] Es handelt sich um „Lux Aeterna" von G. Ligeti, siehe Hoppe, Christoph, a.a.O., 2008, Anhang S. 2

[113] Klusen, Ernst, a.a.O., S. 77

[114] Fischer, Romald: Zum instrumentalen Anfangsunterricht bei Kindern, in: Maas, Georg: Musiklernen und neue (Unterrichts-)Technologien, Essen 1995, S. 175

[115] Faltin, Peter, a.a.O., 1979, S. 72/73

[116] Gembris, Heiner, a.a.O., 1987, S. 127

[117] Nauck-Börner, Christa, a.a.O., 1987, S. 61

[118] ebd., S. 61

[119] ebd., S. 59

[120] Ueffig, Annika: Grafische Notation von Kindern im Alter von 11 bis 12 Jahren, Bachelorarbeit Universität Oldenburg 2008, S. 53

[121] Nauck-Börner, Christa, a.a.O., S. 66

[122] ebd., S. 73

[123] ebd., S. 69

[124] ebd., S. 67

[125] Sacks, Oliver, a.a.O., 2009, S. 191

[126] siehe dazu Herwig, Katharina: Das Bild vom Instrument, Berlin 2006

## Kapitel 6:

[127] Oerter, Rolf, a.a.O., 1993, S. 264

[128] siehe dazu Baacke, Dieter: Kevin, Wayne und andere. Kinder und ästhetische Erfahrung in alten und neuen Medien, in: Bullerjahn, Claudia; Erwe, Hans-Joachim; Weber, Rudolf (Hrsg.): Kinder-Kultur, Opladen 1999, S. 53

[129] Bauer, Jenny: Einbezug von Schülerwünschen in den Musikunterricht, Masterarbeit, Oldenburg 2008, S. 33

[130] Bauer, Jenny, a.a.O., S. 34

[131] ebd., S. 35

[132] ebd., S. 41

[133] ebd., S. 46

[134] ebd., S. 49

[135] ebd., S. 51

[136] ebd., S. 53

[137] ebd., aus dem Anhang

[138] ebd., S. 54

[139] alle Zitate ebd., S. 55. Die kindliche Schreibweise wurde der Authentizität wegen belassen und nicht korrigiert.

[140] „Das wir singen durften“, „Das wir gesungen haben.“ „Das ich mitgesungen habe“, ebd., S. 65

[142] „das wir zum schlus ales zu samen gespild haben“, „Das wir eine Band beründet haben“, „Weil wir alle geübt haben und am Ende alle zusammen gespielt haben“, ebd., S. 66

[143] ebd., S. 69

## Kapitel 7:

[144] Gruhn, Wilfried: Der Musikverband, Hildesheim 1998, S. 135

[145] Gardner, Howard, a.a.O., 1993, S. 22

[146] ebd., S. 22

[147] ebd., S. 22

[148] Norddeutsches Kultusministerium: Kerncurriculum für die Grundschule Musik, 2006, S. 18

[149] ebd., Kapitel 5

[150] Rosenkranz, Ines, a.a.O., 2008, S. 53

[151] Transfer 21, Broschüre: Herzlich willkommen in der Schule, Berlin, S. 6

[152] ebd., S. 6. Ein von Transfer 21 besonders gelobtes Schulbeispiel findet sich in Nordholz (Niedersachsen). Die Grundschule hat das Konzept der Bildung für nachhaltige Entwicklung sehr konsequent umgesetzt. Infos unter: www.grundschule-nordholz.de

[153] Transfer 21, a.a.O., S. 8

[154] ebd., S. 6

[155] Ministerium für Kultur, Jugend und Sport Baden-Württemberg: Leitgedanken zum Kompetenzerwerb für Mensch, Natur und Kultur, Grundschule Klasse 4. Bildungsplan Grundschule, 2004, S. 96

[156] Ministerium Baden Württemberg, a.a.O., S. 95

[157] Niedersächsisches Kultusministerium: Kerncurriculum für die Grundschule Schuljahrgänge 1–4, Musik, S. 8

[158] Largo, Remo H. und Beglinger, Martin: Schülerjahre – wie Kinder besser lernen, München 2009, S. 244

[159] Gruhn, Wilfried, a.a.O., S. 135

[160] Bergmann, Wolfgang, in: Lüneburger Landeszeitung vom 19.06.09, S. 20, Originalzitat: „... wenn wir einen anderen Typus von Lehrern hätten. Solche, die nicht moralisieren, sondern die cool sind, großzügig, gelassen. Solche, die auch mal weggucken, wenn Jungen sich in ihre hierarchischen Kämpfe verstricken.“

# Quellen- und Abbildungsnachweise



## Nachweise Noten

S. 17: „Rovianna", zit. nach Hoerburger, C.: Ästhetische Erfahrungen beim Spiel mit Klängen, in: Musikalische Erfahrung: Wahrnehmen – Erkennen – Aneignen, hrsg. von H. J. Kaiser, Essen 1992
S. 22: „Nun wollen wir singen das Abendlied", M u. T: trad.
S. 22: „I'm a big, big girl in a big, big world", M u. T: Emilia Rydberg/ Yogi, © EMI Publishing Germany
S. 22: „Steh auf, wenn du ein Schalker bist". M: Jacques Morali. © ROBA MUSIC Verlag GmbH
S. 23: „Heißa Kathreinerle", M u. T: trad.
S. 23: „We will rock you", M u. T: Brian Harold May, © by Queen Music Ltd., für D: EMI Music Publishing Germany
S. 24: „Winterschlaf", M: trad., T: K.W. Hoffmann, © Aktive Musik Verlagsgesellschaft mbH, Dortmund (www.aktive-musik.de)
S. 25: „Shark Song", M u. T: trad.
S. 26: „Simama Kaa", trad. aus Tansania, dt. Ü: Bildungshaus Schroedel Diesterweg, Hannover
S. 27: „Wer hat die Kekse aus der Dose geklaut?", M u. T: trad.
S. 33: „Ein Paar rote Ringelsöckchen", Unbehauen, Peter: Dass ihr euch ja nich' schietig macht!, Hamburg 1999, S. 74/75
S. 66: „Der musikalische Wasserhahn", M: K.W. Hoffmann/R. Mika, T: K.W. Hoffmann. © Aktive Musik Verlagsgesellschaft mbH, Dortmund (www.aktive-musik.de)
S. 68: „Sterne zählen", M: Cesar Bresgen / Schülerin. Aus: U. Mahlert (Hrsg): Spielen und Unterrichten. Grundlagen der Instrumentaldidaktik, Mainz 1997, S. 212
S. 99: „Für Elise", Ludwig van Beethoven, a-Moll, WoO 59 (Werk ohne Opuszahl)

## Bildnachweise

S. 2: © privat
S. 5: © privat
S. 13:© Prill Mediendesign & Fotografie/iStockphoto
S. 15: © Herby (Herbert) Meseritsch/Fotolia.com
S. 16: © Mark Herreid/Shutterstock Images
S. 19: © Lesley Lister/iStockphoto
S. 21: © Ernst Barlach Lizenzverwaltung Ratzeburg
S. 23: © cydonna/photocase.com
S. 30: © Shawn Gearhart/iStockphoto
S. 34: © M. Nicolini/Digitalstock
S. 36: Dank an Günter Kleinen für die Überlassung der Zeichnung
S. 38: Dank an Christoph Gotthardt für die Überlassung der Zeichnung
S. 43: Dank an Günter Kleinen für die Überlassung der Zeichnung
S. 45: © Sebastian Kaulitzki/iStockphoto
S. 51: © Cintetext/Allstar
S. 52: © Cinetext/Mona Filz
S. 57: © James Rizzi, www.james-rizzi.com. James Rizzi wird verlegt von Art28 - www.art28.com
S. 58/59: © Harry Büttner
S. 64/65: Dank an Katharina Melloh für die Überlassung der originalen handschriftlichen Skizzen
S. 71: Quelle: www.wikipedia.org, © Trini E., This work is licensed under the Creative Commons Attribution-ShareAlike 2.5 Generic (http://creativecommons.org/licenses/by-sa/2.5/deed.en)
S. 72: © Cinetext Bildarchiv
S. 80: © Garry Studer/iStockphoto
S. 82: © Nicole Gordine/Shutterstock Images
S. 83: Quelle: www.wikipedia.org, © Frinck51, This work is licensed under the Creative Commons Attribution-ShareAlike 3.0 License (http://creativecommons.org/licenses/bysa/3.0/)
S. 83: © objectsforall/Shutterstock Images
S. 83: © M. Wiese/Digitalstock
S. 84: © B. Leitner/Digitalstock
S. 87: © Greg Nicholas/iStockphoto
S. 92: Dank an Günter Kleinen für die Überlassung der Zeichnung
S. 94:© Richard Paul Kane/Shutterstock Images
S. 100: © Slobo Mitic/iStockphoto
S. 101: © IndigoBetta/iStockphoto
S. 102: © Dragan Trifunovic/iStockphoto
S. 111: © Alex/photocase.com
S. 113: (von links oben nach rechts unten): © Dori OConnell/iStockphoto; © Slobo Mitic/iStockphoto; © Mark Stout Photography/Shutterstock Images; © Nicole Gordine/Shutterstock Images; © Catherine Yeulet/iStockphoto; © Wojciech Gajda/ iStockphoto
S. 114: © Olga Sapegina/Shutterstock Images
S. 117: © Jani Bryson/iStockphoto
S. 119/120: © E. Teister/Blickwinkel

Übrige Fotos und Kinderzeichnungen, soweit nicht anders angegeben: Archiv Bettina Küntzel